U0021141

城市品味書

說出品味故事，成就你的與眾不同。

叛逆
倫敦

100 個你一定要知道的
關鍵品味

城市的記憶

對一個城市的記憶，也許是某棟雄偉建築背後的一段淒美情事；也許是街邊行人的出色裝扮；也許是一種魂牽夢繫的味道……。無論如何，總有一個美好的原因，讓我們對那個城市的記憶，在最細微的地方停格。

十年前，《商業周刊》為了滿足讀者在生活面向的需求，開始了《alive》單元。現在的《alive》單行本以及您手上這套《alive 城市品味書》系列，都是基於同一個初心下的結晶，重視的是文化內涵的傳遞，期待體現「富而好禮」的社會氛圍。這套書裡，編輯以單行本中 10 個不容錯過的品味城市為基底，耗時近兩年，細心蒐羅每個城市的 100 個關鍵品味，從城市印象、藝術、建築、美食、時尚、設計到逛遊等生活角度，全面梳理與揀選。究其內容，與其說是旅遊書，倒不如視為最生活的「文化入門書」更為貼切。

在凡事講求效率與速度的今天，太多人對生活疲憊無感。本書希望能藉由系統化、主題式的規畫，讓您輕鬆掌握關鍵精髓之外，還能以一種不沉重的心情、有餘裕的節奏，欣賞深層的文化底蘊。我們志不在製造另一本旅遊聖經，但求能以一種全新視角和您一同領略不凡。

我會為了一張骨董地圖安排一趟旅行，有些人則會為了一家餐廳而造訪某一個城市，你呢？

《商周集團》生活事業群總經理暨《alive》發行人

董翠芬

目錄 contents

打破英國小碎花的
刻板印象

倫敦,叛逆嗎?

講到英國,搜尋一下新聞與連結,八成都跟英國皇室有關。甚至品味,也似乎都由皇室獨占焦點。

想到皇室成員在公開場合慢條斯理的步伐,想到英式田園風格的小碎花布置,與玫瑰花園裡的悠閒下午茶,還真難跟這個字連結在一起。想到英國的叛逆感,直覺就是那穿鼻環的龐克。

直到走了一趟倫敦,更多的深入了解英式品味下的真諦,才赫然發現,英國人還真的是叛逆啊!今日的許多英式經典,當初竟然是為了反叛主流價值而產生。例如現今男士的經典皮鞋──牛津鞋,其實就是當時牛津大學男學生對歐洲經典足下品味的解放與叛逆。

更有趣的是尋找倫敦品味代表人的過程,追本溯源,追到一位 19世紀的英國紳士。這個人的影響力帶出來的事物,從 21 世紀的角度看,許多已經都好古典了,例如今日相當流行的英國鄉村風居家設計,當你舒適地坐著,覺得牆壁上頭的花草圖案非常甜美浪漫,大概很難想像那其實是叛逆的果實,竟然當初是來自對貧富差距的一種生活革命!

相信看完本書,你也會發現,你對英式小碎花的刻板印象被打破了。

文 / 孫秀惠

名人談倫敦

英式經典中的反叛力道影響全世界，且聽以下幾位名人談倫敦，帶領我們進入倫敦的叛逆品味中。

陳家毅
國際建築師

陳家毅建築師事務所（跨新加坡、伊斯坦堡、倫敦）創辦人

陳家毅 提供

來自英國的叛逆建築，從工業革命時代，就不安於室。倫敦創造出管線外露、玻璃與鋼鐵這些全新建築，但建築師並沒有忘了傳統，傳統品味，都還在他們骨子裡，形成他們的精神與特色。

韓良露
美食家

著有《良露家之味》、《狗日子‧貓時間 - 韓良露倫敦旅札》、《大不列顛小旅行》等

韓良露 提供

英國人的品味很兩極。保守的時候，他們可以比世界上其他人更傳統；前衛的時候，他們可以比世界上其他人更激進。

李蕙蓁
自由作家

著有《德朵夫人的「小」不列顛》、《不列顛‧旅人》、《不列顛文件》等

李蕙蓁 提供

英式居家風所追求的 cozy，包括四大元素：低矮的天花板、溫暖以致昏暗到看不清楚字的燈光、麻煩得要命但一定要的地毯，以及多到不知道該怎麼辦才好的各式抱枕。要傳統、很懷舊，像令人安心的老母親的家，這就是他們居家的主軸。

徐志摩
詩人

Ralph Waldo Emerson
愛默生
美國思想家

Oscar Wilde
王爾德
英國名作家

著有《再別康橋》、《徐志摩全集》

©wikipedia

美國文化精神代表人物，被稱為
「美國的孔子」、「美國文明之父」

©wikipedia

英國唯美主義藝術運動倡導者

我的眼是康橋教我睜的，我的求
知欲是康橋給我撥動的，我的自
我的意識是康橋給我胚胎的。

倫敦最能賄賂人心的，是想像力。
你會相信在這樣一個充斥百種人
的龐大環境下，還有空間讓浪漫
性格的人存在；於是，詩人、通
靈者、英雄，也許都希望在這裡
遇到志同道合的人。

噢，我喜歡倫敦社會！它完全是
由美麗的白痴和出色的瘋子組
成。

城市印象 Image

倫敦，在傳統徽章底下，一個充滿叛逆
與創新的天堂。

一股叛逆力量

這是個講究「紳士」，卻也讓龐克（punk）恣意發揚的地方。在傳統的骨子裡，永遠有一根反骨，企圖掙脫傳統，再創主流。倫敦，讓世界學會了一種生活態度：「敢」。

郭政彰 攝

01 敢，內斂典雅的真反骨

世界趨勢觀察家，同時也是設計界教主《壁紙》（*Wallpaper*）雜誌創辦人泰勒‧布魯爾（Tyler Brûlé）接受《alive》專訪時說：「敢」，是倫敦人教會世界的生活態度。

沒人能忽略倫敦所代表的老傳統有多麼堅強：這個地方到了 21 世紀還在講究「紳士」，褲管下，看不見的繫鞋帶方式，依然定義一個人的身分地位；女士出席重大場合，會帶著全世界看起來都不合時宜的古怪帽子；許多人衣服上還會帶徽章，而徽章、裝飾，放左或右邊、高點或低點，都代表著不同禮節和意義。在文化深處，這還是個傲慢與偏見的國度。然而，就在傳統徽章底下，這裡卻也從 18 世紀開始，就一直向全世界注入各種最叛逆與創新的力量。

談產業，倫敦是工業革命的誕生地：18 世紀初，從英格蘭中部誕生了工業革命，引領人類進入機器時代，全面改變人類生活；談居住，這裡是首度把建築管線外露的國度；談時尚，最街頭邊緣的龐克文化在這裡發揚光大，變為全球時尚的主流；談音樂，批判、反省的英國搖滾樂（Rock 'n' Roll），雄據了 20 世紀 60 至 90 年代的音樂排行，成為重要的文化輸出；談飲食，倫敦是當今世界綠色飲食的領頭羊，知識農夫比重最高的地方；談生態，英國早在 19 世紀，就出現環境信託的新觀念。當前最 in 的品味，包括強調手工、文化創意、設計、原味與在地少量生產，英國更比全世界早了 1 百多年。

歸根究柢，英國在傳統骨子裡，還有一根反骨，永遠企圖從傳統中，掙脫傳統，再創主流。

文／盧怡安

一位叛逆革命家

早在 150 年前的倫敦，就已經有一個品味的代表人物，全面表現從傳統中叛逆與創新的精神，那就是威廉·莫里斯（William Morris）。

02 威廉·莫里斯
現代設計的先驅

莫里斯這位英國紳士，生長於人類生活最重大的變革起點：工業革命正大鳴大放、東西國際貿易瘋狂盛行，倫敦被稱為「世界船塢」，大量的異國貨物湧入；政治上，維多利亞女王（Queen Victoria）領導的大英帝國成為極盛強權，1851 年，英國倫敦舉辦全球首度的世界博覽會（The Great Exhibition），最先進的工業產品都出籠。莫里斯身邊，哪個人不崇拜最先進機械所製的新商品，不迷戀遠道而來的舶來品？倫敦看似一片繁榮，貴族、新富企業家的自信也達於頂峰。

然而這種富庶更像是一種罪惡，在維多利亞時代（Victorian era），財富分配始終不均，貧富對比十分明顯。一邊，有貴族宮殿式的莊園生活；另一邊，則是農人破敗的茅屋草舍。一方面，是工廠主人舒適的生活享受；另一方面，則是失業工人絕望的生存掙扎，倫敦東邊就有著見不得人、工廠工人居住的貧民窟。人們的生活水準相差太大，這一時期英國著名的保守黨首相迪斯雷利（Benjamin Disraeli）曾形容，當時的英國是個「兩個民族」的國家，還說：「當茅屋不舒服時，宮殿是不會安全的。」

在這種背景中，身兼織品設計師、畫家、作家、社會運動者多元身分的莫里斯，是最早反省工業革命與資本主義問題的人，他極力主張，要讓一般百姓，尤其是窮人也能有更好的生活環境，藝術與品味不是少數人擁有，應該要平民化。於是他把原來掛在貴族城堡的畫作元素，加上對抗工業革命，回歸自然的花草元素，一起變成平民百姓都可以使用欣賞的家居設計，如布料、窗簾、壁紙等。他並奔走、成立商會，讓藝術進入平民的日常生活，那就是現代設計的濫觴。

走到歷史角落，參觀「彼得兔」（Peter Rabbit）作者波特小姐（Helen Beatrix Potter）位於英國湖區的故居，這座小巧的石頭老房子，是一個個彼得兔故事的誕生處，主人具有品味的臥室貼的正是莫里斯畫作壁紙。轉到倫敦維多利亞・亞伯特博物館（Victoria and Albert Museum，簡稱 V&A），這座以英國在位最久的君王命名的博物館，特闢專區永久陳列莫里斯的作品。

可以說，莫里斯是現代設計的先驅，文化創意產業的祖師爺。甚至，21 世紀最流行前端的生活概念，都脫離不了他一個半世紀前深具反省性的主張。同時，在遍地工廠的環境中，他格格不入地極力保存著古蹟建築，與在地的田園生活文化；尊崇並倡導手工的工藝美術，提倡人要生活在自然或像是自然的環境中。如果說，現在懂得欣賞手工、設計品與綠色生活的人，是流行而時尚的；當時的威廉・莫里斯，在一般人眼裡，簡直是土氣又愚蠢的。但，他就是「敢」。經過 150 年，21 世紀全球對於生活的反省，證明了他才是真正的前衛。

文 / 盧怡安

人物小檔案

莫里斯
（William Morris, 1834 -1896）

家世：父親為金融家，母親為音樂老師
身分：織品設計家，畫家，詩人、英國社會主義運動發起人、美術工藝運動發起人、古蹟保護協會創立者
著作：《烏有鄉的消息》（*News from Nowhere*）、《世界盡頭的井》（*The Well at the World's End*）

四大前衛的叛逆

由莫里斯以降，倫敦文化中持續出現「敢從傳統中叛逆」的精神，
刷新包括時尚、居家、美食、建築等各領域的品味。

03 反叛時尚
充滿顛覆力道

你或許從來沒聽過莫里斯這個名字，但你一定看過他的作品。

莫里斯的作品，或許就在你家牆上：柔和偏暗的色調，線條柔軟、
細碎的小花小草，重複出現，也就是大家記憶中很熟悉的壁紙花
樣。這些圖樣並被廣泛應用到抱枕、餐盤、筆記本上；知名時尚品
牌普拉達（Prada）在 2009 年的服裝設計，也引用過其紋樣。

雖然這些圖樣今日看起來很古典，但在當時的倫敦，卻是對時代的
創新與反叛。

隨著更多英國人對工業化社會一致化的反抗，各處有熟悉傳統、
卻不又停止反動創新的人才冒出頭來。當代的薇薇安·魏斯伍德
（Vivienne Westwood），是最著名的叛逆時尚女王，善於顛覆象
徵家世的英式格紋，變成狂放不羈的龐克文化。

倫敦時裝週，現在被認為是比巴黎、紐約都要更前衛、更具創新空
間的舞台，在 2012 年的伸展台上出現全裸；許多英國設計大師，
如已逝的年輕設計師亞歷山大·麥昆（Alexander McQueen），都
被其他國家時尚品牌延攬去進行傳統的創新改造。英國對於時尚的
品味，就在反叛的態度中，產生力量，逐漸蔓延影響全世界。

04 駭世藝術，充滿爭議

莫里斯扭轉品味的第二項叛逆，是將傳統服務貴族的藝術，帶往平民日常生活層面，成為設計。若是沒有他，我們現在生活中用的東西，不可能平價又有美感。「要不是人人都能享受藝術，那麼藝術跟我們究竟有什麼關係？」他說出了這樣的名言。

17 世紀法王路易十四（Louis XIV）以來，主張生活要精緻、要重視氣氛，以王室貴族品味主導世界；尤其藝術，更被認為是貴族品味的專屬。但莫里斯打破了這樣的貴族藝術觀念，認為藝術應該為千千萬萬人服務。幸而有他，將藝術轉化為設計，「服務」層面廣及壁紙、織品、印刷品，以及集合有共同信念的朋友成立商會，生產給一般人購買使用的家具、瓷磚、地毯等等。

這些設計品在 1862 年，第二次的倫敦世界博覽會中販賣，掀起震撼。藝術不再高高在上，而是平民生活裡的美感。此即史上有名的「美術工藝運動」（Arts & Crafts Movement），後來的新藝術運動（Art Nouveau），甚至奠定現代設計基礎的包浩斯學校（Bauhaus），都受到他的影響。

當今爭議性最高的藝術家與設計師，絕對由英國領銜。當紅炸子雞英國藝術家赫斯特（Demien Hirst）從浸泡在福馬林中的鯊魚，到剖開一半的馬，再到在 18 世紀骷髏頭上鑲滿 8,860 顆、總重 1,106 克拉的鑽石，過去 6 年來，赫斯特一直都以顛覆性創作，成為全球話題與英國最有錢的藝術家。

紅屋

05 機能建築
劃時代創新

莫里斯不只是畫家、壁紙和家具製造商，他最早從牛津大學畢業，拜入建築師工作室學習，曾經有機會成為建築師。

他和建築師好友攜手，完成一棟有機的建築物「紅屋」（Red House），他們「從背面設計」，打破傳統對稱、講究門面的建築觀念。從此，建築美學進入一個新的階段。

在莫里斯以前，建築物是從外觀開始設計的。這棟房子應該多大、長什麼樣子，都想好了，再到裡面劃分、區隔出生活空間。莫里斯卻從實用的角度出發：這個空間要拿來做什麼、需要多大、什麼形狀，先從裡面思考，再全部組合在一起，外觀是自然而然長成的有機體。因此建築物不會對稱，甚至外面留下了裸露的紅磚，根本不覆灰泥裝飾。由於這是英國第一座紅磚建築，紅屋因而得名。

看起來不壯觀、也不優美的紅屋，和維多利亞時代住家的擁擠、不適合使用完全相反。紅屋很好住，充滿了機能考量，甚至洋溢了藝術感。這是莫里斯劃時代的創新。

後續的英國建築師，一個比一個更反叛，創造了完全顛覆性的美感，改變了你我的居住空間模式。

06 綠色田園
前衛生活主張

莫里斯這位設計家兼建築師,對飲食觀也有影響。他從工業化過程
的反思,進一步到搶救保存可貴的田園生活,前衛的綠色概念,進
而成為英國強調綠色生活的祖師爺。

現在有品味的人士,有誰會願意將歷史悠久的田地莊園,翻地改造
成工廠?但 19 世紀的莫里斯,支持保護古蹟與莊園的時候,卻像
個冥頑不靈的傻子。他是全世界第一個古蹟保存組織(英國古建築
保護協會)的創始人,主張將英國農莊、田園、民居,造冊登記保
護。加上自給自足、仰賴在地生產的田園生活,讓許多莊園免除被
徹底剷除的命運。

有別於貧困受迫,田園生活逐漸成為一種自願選擇的生活好方式。
莫里斯的生活態度,經過了 1 百多年,如今開始成為主流。喜愛綠
色生活的英國人,成為全世界素食人口比例最高的國家,也成為綠
色飲食的重鎮。當名廚如傑米·奧利佛(Jamie Oliver)等人在重新
告訴世人,在地種植等綠色飲食觀念的重要性時,可能都要稱莫里
斯為前輩。

文 / 盧怡安

時尚 Fashion

穿著打扮的核心，內心態度最重要，倫
敦人用服裝，寫下大無畏的精義。

三種時尚態度

英國時尚設計師從傳統中不斷創新突破的作品，總能令人拍案叫絕；倫敦人穿起奇裝異服，更是有自己的態度。

07 Bold
令人驚喜的實驗創新

倫敦的時尚態度，可以濃縮成「bold」這個字，也就是「大膽」的意思。從設計師到時尚明星，甚至路人甲，都有一種放膽實驗的大無畏精神。正如 bold 這個字，可能不免有冒失、粗鄙的一面，但前衛突出的程度永遠走在世界的頂端，精神直逼「英勇」的境界。

知名設計師陳劭彥說，倫敦時裝週永遠是四大時裝週（餘為巴黎、紐約、米蘭）中最勁爆、最勇敢的。2012 年一場英國女帽設計師柯爾斯（Robyn Coles）的帽子時裝秀，為了專注表現重點，除了頭上的帽子，模特兒全都裸體，其中一位還是懷孕 8 個月的前威爾斯小姐，真的好猛！

「倫敦設計師的創意，不只挑戰禁忌、做做壞事，更是天馬行空。」陳劭彥說，這 3、4 年以來，不乏怪異的設計師。同樣是復古，凱恩（Christopher Kane）可以把感覺俗氣、粗陋、老氣的東西，變得很年輕有新意。像是 80 年代常見的塑膠材質透明包，他用螢光色把它年輕化，裡面裝了彩色的水，變成時尚手拿包，感覺嶄新前衛。凱恩玩材質也很有一套。2009 年春夏他從劍龍硬角得來靈感，表現在涼鞋和洋裝的設計上，但卻是用硬紗來做出「鱗片」，既軟又挺，既古怪又時尚。

90 年代巴黎有川久保玲，把變形歪曲的衣服，披披掛掛混搭在身上，倫敦的密海姆（Meadham）、克希霍夫（Kirchhoff）更誇張了，他們加入了超級鮮豔的色彩：臉整個塗成鮮橘色的模特兒、穿著蓬得像氣球的服裝、豹紋內褲搭鮮綠色環形紋絲襪，一層又一層堆疊起來。雖然也很偏激，但是完全不像川久保玲那樣灰暗，充滿了卡通感的童趣，很具「bold」的活力感。

AT THE
BRITISH
BOOT CO
ASK THIS
MAN!

VAUXHALL

GB VU07 W·TJ

CAFE

BENJAMIN

08 見怪不怪
用誇張服裝表達態度

好玩的是，在倫敦，這些妝髮誇張的秀服，下了台拆開來單件、單件，還真有人會穿上街。滿街的倫敦人，沒有人多看一眼，就與之擦肩而過。

對倫敦人來說，服裝，是用來表達態度的；好不好看，變成其次。特別是用來衝撞、諷刺、嘲笑既有的框架與約定俗成的定律。

他們內心並不在乎別人怎麼想，也絕非為了引起別人注意，而是為了擁護、主張自己心裡想要掙脫限制的叛逆。「難道不行嗎？」「我就是要這樣。」堪稱全世界最容易見到的街頭奇裝異服，彷彿這樣說著。

倫敦街頭很多奇裝異服與叛逆思想，來自以音樂為驅動力量的豐富次文化。一種是大家比較熟悉的龐克。龐克音樂的崛起，就是要號召人們做自己、創造自己的法則，不要跟著主流走。尤其他們想打破 70 年代前被粉飾出來的烏托邦般和平氣氛，所以瀰漫一種憤怒、不屑，甚至有點兇猛的情緒。服裝上以醜和恐怖為手段，來襯托內心反抗傳統，才會出現充滿搗毀、撕裂和渾身是刺的意象。

在龐克崛起的 70 年代，另一種倫敦次文化的音樂「主流」，是風格頹廢慵懶、顛覆與解放性別認同的「華麗搖滾」（Glam Rock）。特別是男性，要裝扮隆重得誇張，十足戲劇化的口紅、眼影、高跟鞋，濃妝豔抹、魅惑到不行。英國在地的大衛‧鮑伊（David Bowie），就是走這樣豔麗浮誇、「雌雄同體」的路線，唱到可與「披頭四」（The Beatles）齊名，被選為 20 世紀最具影響力的藝人。日本視覺系藝人都是受到他影響而崛起。

不過，如果你只是依樣畫葫蘆穿上皮衣、破褲、長筒靴和鉚釘當龐克，那可是會被倫敦人一腳踢開的。穿著打扮的核心，內心態度才最重要。同樣地，男扮女裝只是一種表徵，抗議只能當男或女角色的唯一性，探索各種不同性別認同的可能性，才是他們穿成那樣的目的。

像是英國女演員史雲頓（Tilda Swinton）、名模坦南特（Stella Tennant），還有把美麗和古怪結合得很時尚的名媛達芙妮·吉尼斯（Dephne Guinness，英國知名黑啤酒品牌 Guinness 家族女繼承人），都非常有態度。

史雲頓和坦南特都以中性、乾淨俐落的形象著稱，態度冷酷。史雲頓的名言是：「不會飾演不具試驗性質的作品。」特立獨行，沒有工作時就回到鄉間隱居。從《奧蘭多》（Orlando）雌雄同體的角色，到《納尼亞傳奇》（The Chronicles of Narnia）裡台詞不多而氣勢冷冽驚人的白女王，史雲頓由內而外的自信程度高得驚人，一個眼神就可以把人化為冰柱。因此在她身上，根本不需要皮衣、牛仔褲，就很酷。史雲頓幾乎只穿黑、白，鍾愛單純如軍裝般的線條。然而，即使她穿著有點鬆垮的衣褲，還是比男人帥而俐落。

坦南特有可能是史上首位打破禁忌，一直堅持極短髮的模特兒，永遠掛著不合作、不笑的表情。她從不迎合別人，無論再怎麼隆重的盛會，再知名的攝影師面前，也從不打破自己的堅持。「我不想工作時便不工作。」她說。坦南特簽約代言香奈兒（Chanel），穿博柏利（Burberry）時能散發強烈的貴族感，卻熱愛穿搭平價服飾，尤其是連身裙和白襯衫。她內在散發出的態度，讓時尚老佛爺拉格斐（Karl Lagerfeld）都說：「她的面孔和態度屬於我們的時代，她不只是代表了 90 年代的華麗，而是世紀末的真正美麗。」

達芙妮·吉尼斯，無疑是英國，甚至是全球時尚大師的繆思，包括麥昆和福特（Tom Ford）的設計靈感來源。福特說她是當今最時尚的女人，或唯一。她的招牌是黑白雙色、梳得很高的髮髻，古怪的帽子，暗黑帶金屬光澤的華麗裝扮，加超高金屬高跟鞋，其美學被定位為「未來主義」（Futurism）。任何想要東施效顰的人會落得像動畫《一〇一忠狗》（101 Dalmatians）中的魔女柯瑞拉（Cruella），只有她還能很沉穩、自然地駕馭住如麥昆「犰狳高跟鞋」（Armadillos）的戲劇感。

吉尼斯說：「真正的美麗總會有一點奇怪，一點點的缺憾往往是最漂亮的。」。陳劭彥認為，她的古怪已經是非常成熟、深思熟慮的，而不是為了譁眾取寵或耍怪。

09 先懂傳統再玩創意

儘管倫敦人有自己擁護的次文化，敢於挑戰制度，卻很少有人完全不熟悉傳統穿著文化。「不懂傳統，那你要頂撞的是什麼？」他們會這樣問。

正如英國雜誌《魅力》（Glamour）選出最會穿著打扮的明星時，除了盛讚演《暮光之城》（Twilight）的羅伯特·帕廷森（Robert Pattingson），很懂得穿著表現伐木工襯衫（象徵階級倒置），也會注意他到底懂不懂得穿好西裝的語法。

西裝、格紋、風衣，是英倫傳統重要的 3 種元素，幾乎影響到世界每一個角落。懂得其內涵及語彙，再玩創意，對倫敦人來說，自我主張才會更具爆破性。

例如薇薇安·魏斯伍德，把象徵家世顯赫的蘇格蘭格子紋布，剪破重組，才使單純的破裙、破褲，更有挑戰禁忌的意味。

正式的西裝搭休閒的帆布鞋、原為軍服的風衣搭二手破舊牛仔褲，製造出衝突感、不與人相同，隱藏著低調的反叛，都是一般倫敦人常見的穿著與內心態度。

文／盧怡安

三位怪怪設計師

拘謹的黑色長風衣間，爆出五顏六色的龐克裝扮；典雅的宮廷服飾品味下，9 吋高跟鞋也可以成為博物館的蒐藏！看懂英國叛逆大師如何吸取保守土壤中的養分、開出前衛不羈的花朵，就能看透炫目的表象，掌握更深層的領先潮流脈動。

10 薇薇安・魏斯伍德
龐克女王的前衛藝術

法國時尚大師，為全世界創造百年不墜的經典，倫敦時尚大師，則是扭轉世界對服裝的定義。傳統與叛逆同時存在、且相互襯托，再也沒有比英國更具衝突趣味的國家了！看似離經叛道的時尚元素能夠成為主流，其背後力量不只是輕薄的「搞怪」二字可說明。其中最具代表性的時尚大師，莫過於龐克女王（Britain's Queen of Punk）薇薇安・魏斯伍德。

前衛、顛覆、挑逗、驚世駭俗、與體制對抗……，都是最常形容薇薇安的字眼。完全沒有學過裁縫，出身勞工家庭，她的設計源頭來自 1960 年代因經濟蕭條而整天在街頭晃蕩的龐克族，多層次、撕開的、長短不一、略略滑離身體的衣服，一方面是對現行體制的反抗，一方面凸顯每個人的獨特性，「我不是刻意要叛逆，只是想找出有別常規的其他方法。」薇薇安說。

薇薇安曾說：「時尚終究就是裸體（Fashion is about eventually being naked）。」別以為這位龐克女王的叛逆毫無章法，藝術學校畢業的她，對歷史、尤其是繪畫中服裝與裸體造型演變有深入研究，拿傳統元素重新詮釋、重塑人體線條，是她擅長的手法之一。

不論是帶有性暗示的服飾、印滿標語的 T 恤、宛若血淋淋肌肉的貼身外套、外穿的內衣，或是讓超模坎貝兒（Naomi Campbell）摔了著名的一跤的 9 吋厚底高跟鞋，薇薇安的服裝很多是對於庸俗之作的批判與嘲諷，等於是透過衣服表達對於社會、體制與環境的觀點，成為發聲的媒介，因此說她的服裝是當代藝術一點也不為過。

036 叛逆 倫敦

薇薇安改變了人們對於「服裝」的觀念，不但使她獲得英國女王授勳（OBE），具有足以代表英國的地位，更成為當代最具影響力的時尚大師之一。事實上，讓男人穿上長短裙、甚至馬甲的第一人，就是薇薇安。

創新與叛逆，絕對沒有年齡限制，儘管年逾古稀，薇薇安仍然前衛勇猛，不但每年都藉由新作傳達對政治、社會與環保議題的想法，更親身參加社會運動，「我是個反叛者，但我絕不是個局外人！」她曾表示，「如果我能當一日女王，我將致力於保存人類這個物種，我的每一項政策都是基於氣候變遷以及如何與世界和諧共處的議題來發展。」

薇薇安在倫敦的品牌專賣店「世界的盡頭」（World's End），整個樣子與時裝店「完全相反」：倒著走的鐘、歪七扭八的樓梯，總是跟「應該有的樣子」不一樣、卻又可隨興變化的服飾配件，別人不見得用到的材料，在這裡都充滿自信地出現。

Info.
薇薇安・魏斯伍德（Vivienne Westwood, 1941 - ）
品牌密碼：勇於獨立思考、享受眾人注目的行動派
代表款式：不按牌理出牌、叛逆卻華麗的服飾

世界的盡頭（World's End）
地址：430 Kings Road, London
電話：+44-20-7352-6551

11 亞歷山大‧麥昆
頑童的超現實暗黑美學

亞歷山大‧麥昆可說是當代最具傳奇性的時尚大師，如果沒有他設計一連串讓人瞠目結舌的服裝造型，女神卡卡（Lady Gaga）說不定得花更多時間才能竄紅。就像卡卡曾在 2009 MTV 頒獎典禮上那款超經典、用血紅蕾絲蒙住整個頭部形成上衝火焰的造型（可能旁邊的人眼珠子快掉出來的驚嚇表情更經典），麥昆的作品常並存著極脆弱（例如：蕾絲）和極強悍（例如：火焰）的元素，以巨大的力度帶來生猛、血淋淋的震撼，不論你喜不喜歡，就是讓人不得不注視。

出身倫敦東區，父親是個計程車司機，這位從社會底層冒出頭的設計師，曾獲得 4 次英國年度設計師獎（Design of the year），也是此獎最年輕的得主。麥昆不到 20 歲就以在高級訂製服上無可挑剔的功力，使他擁有包括查爾斯王子（HRH Prince Charles, The Prince of Wales）在內的許多名人客戶，27 歲就成了紀梵希（Givenchy）設計總監。

麥昆的傳統服務技法訓練極為扎實，曾經在倫敦最有名的「訂製西服一條街」──薩維爾街（Savile Row）西服店當學徒，曾在英國最正統的聖馬丁藝術學院當過裁縫指導，可以在很短的時間就動手裁出一件剪裁優美的高級訂製服版型。「掌握規則是為了打破規則，」麥昆說，「因此我毀壞規則但同時守住傳統。」

「我信仰歷史。」麥昆非常喜歡閱讀歷史經典，因為文化、傳統的厚度很深，所以當他走優雅路線時，他的禮服如「哥德浪漫」（Romantic Gothic）系列，線條美得令人屏息。但當他想顛覆傳統時，反作用力又能如此之大，足以震驚全世界時尚。他說，「我花了很多時間學習如何『建構』一件衣服，目的則是為了『解構』。」

麥昆自創品牌後開始大破大立，極具爭議性的服裝與肆無忌憚的舞台呈現手法，使他被冠上「頑劣之童」（L'enfant terrible） 和

模特兒穿犰狳高跟鞋走秀

「英國時尚界叛逆分子」（the hooligan of English fashion）的稱號。被全球父母罵翻的股溝妹，就是他設計的超低腰牛仔褲一手造成的；他顛覆高跟鞋優雅形象的犰狳高跟鞋剛出現時，有人形容那像是「咬住模特兒腳不放的怪物」，甚至受到時尚界抵制，如今卻成為新經典。

麥昆的作品有充滿對英式貴婦景仰的華麗優雅，也有像是「高地強暴」（Highland Rape）系列藉由驚悚字眼和撕裂的蘇格蘭服飾，傳達他對歷史與政治黑暗面的反思。服裝在麥昆的手中，從實用性成為傳達概念，以及發表對於政治、文化、認同宣言的媒介。

除了不斷把服裝的可能性推到極限，麥昆也是成功把戲劇與創新科技帶上伸展台的先鋒。充滿戲劇張力的衣服與時裝秀，展現麥昆善於用服裝說故事的能力；而 2006 年發表會中，凱特‧摩絲（Kate Moss）真人沒有出現，卻以 360 度投影影像走秀，如夢似幻令人讚歎不已。麥昆也曾幫冰島電音天后碧玉（Björk）設計封面造型，為她執導了一部 MV。

然而這樣一位在工藝、創意與執行力都超凡出眾的藝術家，卻在年僅 40 那年自殺。在麥昆的喪禮，許多名人穿上他奇異顛覆的服裝出席，向他致敬；一如紐約大都會博物館（Metropolitan Museum of Art）的麥昆特展主題「野蠻的美麗」（Savage Beauty），這位年輕的叛逆大師，對全球時尚開啟的野蠻衝撞力道，至今未息，而麥昆也成為一個品牌繼續存在。

文 / 林昀熹

Info.
亞歷山大‧麥昆（Alexander McQueen, 1969 ~ 2010）
品牌密碼：能量強大、具有實驗性格的人
經典作：「包屁者」（bumsters），低到露出股溝、當時被人罵傷風敗俗的褲子，後來帶動了低腰牛仔褲風潮。犰狳高跟鞋，30 公分（12 吋）高，讓女神卡卡走紅，也招致名模集體拒穿，成為史上話題超高、反應最激烈的鞋。

12 保羅・史密斯
新圖騰創作大師

總在細節處給予大眾驚喜的保羅・史密斯（Paul Smith），象徵的是當代英國男人，表面正經，骨子裡卻藏不住風騷。

創辦人史密斯先生曾多次獲得英國時尚大獎（British fashion Awards）的不同獎項，並於 2000 年時，因其對英國時裝的貢獻，受英國女王伊莉莎白二世（Elizabeth II）冊封為爵士，是第一位被英國女王封爵的時裝設計師。

史密斯於 1970 年開始發展他的時裝事業，1976 年正式成立品牌。比起一成不變的經典，史密斯更在意的，是能不能從設計中體現幽默的態度，展現玩味生活的氛圍。史密斯最受人歡迎的配件之一：皮夾，短夾外表是素面光滑的黑色皮革，看似沉穩內斂，一打開卻讓人眼花撩亂，豔光四色：像是布滿經典七彩直條紋的內裡，甚至還有裸女系列，一打開皮夾，就可以看見宛若法國紅磨坊式的手繪風格金髮美女，完全展露出英國紳士性格裡的悶騷與叛逆。

除了七彩直條紋，品牌中還時常出現英國經典金龜車迷你古柏（mini cooper）的照片，因為史密斯先生很喜歡金龜車，每天通勤都開著它，於是就放進設計裡。還有一個在一線精品品牌中很少見的符號，那就是兔子。史密斯先生對兔子情有獨鍾，在 2009 年時，為了倡導資源回收，史密斯先生還與英國設計博物館（Design Museum）的館長，一起設計一款名為「London Rubbish Bin」的巨型綠色兔子垃圾桶，在街頭上相當搶眼。

史密斯先生受訪時所說：「我會形容我的工作就像『在薩維爾街遇上豆豆先生』。」一語道出這個品牌的傳統與創新兼顧、沉穩與幽默並著，以及，無限可能。

文 / 吳中傑

Info.

保羅・史密斯（Paul Smith, 1946 - ）
品牌密碼：象徵當代英國男人的悶騷
代表符碼：七彩直條紋、迷你古柏金龜車、兔子

一股另類風潮

想到龐克，一般人馬上想到怒髮衝冠、上滿髮膠、染怪顏色，甚至戴了鼻環的怪人畫面。保守規矩的人士，更覺得自己跟龐克搭不上一點邊。事實卻不然！倘若你的衣櫃裡有一件撕裂設計的牛仔褲，那麼，龐克就已上了你的身！

13 反抗傳統英雄主義
龐克高唱 DIY 做自己

被歸類到次文化、非主流的龐克風格，其實對於時尚精品與大眾文化早產生重大影響。例如在戰後以優雅女裝起家的迪奧（Dior），2004 年進駐台北 101 時，所推出的「迪奧之星」（Dior Star）限量手提包，便是十足的龐克風，上頭掛滿鍊條與扣環；以百年精緻工藝、風格典雅著稱的法國品牌愛馬仕（Hermès），也曾推出一款名為「CDC 手環」（CDC Bracelet）的寬版皮手環，讓貴婦也帶起裝飾著狼牙般金屬尖錐與扣環的配件。2009 年秋冬，時裝週伸展台上，各時尚一線品牌，更全面吹起古典龐克風，彰顯出龐克文化在時尚界歷久彌堅的地位。

作品被收藏在博物館的設計大師薇薇安、前迪奧設計總監加利亞諾（John Galliano）和已故的設計鬼才麥昆，三位風格強烈，各曾主掌一線時尚品牌，在時裝界留下許多雋永設計的設計師，他們創作中的叛逆精神從何而來？正是影響世界近半世紀的龐克文化。

在台灣，年輕一代的讀者認識龐克，可能是因為以簡單龐克形象出道、專輯銷售千萬張的搖滾歌手艾薇兒（Avril Lavigne），或是從日本銷售超過 4 千萬本、並曾改編為電影的超暢銷漫畫《娜娜》（NANA），而開始認識龐克為何物。

其實，龐克不僅影響力超乎想像，它背後的文化厚度也不容忽視。簡單來說，龐克其實不是一時的流行，也不是某種短暫的少年叛逆

©達志影像

「性手槍」樂團主唱約翰‧萊登（Johnny Rotten）

或者搞酷行動，它是透過音樂、藝術、時尚表達一種生活觀。

龐克最初是一種緣起 60 年代末期美國的音樂類型，但卻於 70 年代在英國壯大。當時的英國和美國都面臨石油危機，物價飆漲，失業率居高不下，治安敗壞，造成人心惶惶，嬉皮（hippie）文化興盛後的美國並沒這麼快就接受龐克，但這把火，卻在英國，這個被大家視為最傳統、紳士的國家中點燃；龐克燒起了青少年對社會的疑問與反動的力量，迸發為一種遍及音樂、思想、裝扮和行動的文化現象。

龐克主要表達的是反對英雄主義，關心弱勢者、自我創造的價值觀；撰寫《日常生活的革命》（*The Revolution of Everyday Life*）的哈伍爾·范內哲姆（Raoul Vaneigem）指出，龐克不願順從於既有的社會制度，高唱「自己做」（DIY），喜歡運用現存的元素改造為新的形式，使之產生創新的意義。

英國引領全球龐克風潮，最關鍵的人物是「性手槍」（Sex Pistols）樂團。歌詞驚世駭俗的「性手槍」樂團，於 1975 年創立，因歌詞內容挑釁社會主流價值，批評皇室，而遭到英國國家廣播公司（BBC）禁播，但其單曲〈天佑吾皇〉（*God Save the Queen*）仍在只能透過傳單郵購的狀況下，攻上英國單曲排行榜第 2 名。

而「性手槍」樂團的造型由龐克女王薇薇安一手打造，也讓龐克開始有了明顯的視覺形象，造成青年模仿的風潮。

隨著時間演進，龐克發展出各種不同的次音樂類型，並隨之衍生出不同的裝扮風格，甚至除了衣著，還影響到妝容，例如在兩岸三地的歌壇天后王菲，當年驚豔四方並帶起風潮的煙燻妝，便是模仿自龐克的頹廢妝感。

文 / 吳中傑

龐克三風格

廣博的龐克時尚，歷經多年演變、各具特色的不同龐克類型，分為傳統、簡單與新龐克 3 大類別。

14 傳統搖滾龐克
金屬配件加皮外套

傳統龐克類型，以搖滾龐克為代表，其中 70 年代英國的「性手槍」樂團又更是經典的符號。整體造型符合當時龐克精神中「創舊」（detournment）的理念，也就是在現有元素中翻出新潮流，並帶動一股服飾上的 DIY 風潮。

裝扮以看似簡單的 T 恤加牛仔褲為底，但每個細節都精心設計，例如 T 恤上頭有撕裂過再縫合的痕跡，並扣上安全別針，褲子上會掛著鐵鍊，或縫上鉚釘綴飾，以及刻意的破壞加工等，搭配其他金屬配件及皮外套，腳上踏著厚底靴，完全符合大家對龐克的想像。

15 簡單龐克
穿環刺青刺蝟頭

簡單型的龐克，以硬蕊龐克（hardcore punk）和滑板龐克（skate punk）為代表。硬蕊龐克被視為第 2 波龐克音樂，音樂上更強調節奏強烈、快速，以及破音的吉他音調等，旋律性也比原本的龐克搖滾弱。滑板龐克，則算繼承硬蕊龐克的變體，但受到美國西岸文化影響，歌詞與旋律都較平易近人。2002 年出道，專輯累計銷售數千萬張的加拿大藝人艾薇兒，便是以滑板龐克的形象出道。

簡單型龐克在衣著上的裝飾性元素，都較搖滾龐克少，趨近簡單，特別是硬蕊龐克簡單的穿著主張，反映出對搖滾龐克的反動；滑板龐克的裝扮，則與街頭滑板族相當接近，常戴鴨舌帽、T 恤與過膝短褲，甚或簡單的帽 T；衣服上的圖案，雖然保有滑板族的戲謔與幽默，但更為強烈，例如會有骷髏頭或憤世的標語，有時也會在身上穿環、刺青，或頂著刺蝟般豎起的龐克頭。

©達志影像

16 新龐克重髮妝
不真實的虛幻感

近年來較新的龐克風格，以流行龐克（pop punk）和抒情龐克（emo-punk，emotional punk）為代表。近年來，每張專輯皆能銷售數百萬張的美國樂團「年輕歲月」（Green Day），便是最典型的流行龐克，音樂聽起來相當悅耳，與一般流行樂接近，重節奏、旋律簡單，加上朗朗上口的歌詞，使龐克音樂站上商業主流市場。抒情龐克，則是一種強調情感抒發的龐克音樂形式，反商業化，強調個人獨特性，歌詞往往較詩意，或如同意識流小說一般，強調主觀感受。

新龐克經典裝扮，與時下年輕人打扮相當接近，但在髮型與妝容上，流露出龐克的味道，例如男生也會畫眼線、打眼影，強調眼部線條，或化妝成較蒼白的臉色，而頭髮，則如日本傑尼斯（Johnny's）系花美男般的多層次長髮；至於抒情龐克的打扮，則是現今街頭龐克商機最大的一種，裝扮甚至帶有一點日系卡通的色彩。常見的男生穿著，是合身襯衫加上窄版領帶，配上中長髮與煙燻妝等；女生的穿著則是短版小T恤，加上蓬裙與長褲襪，並搭配粉紅的卡通骷髏頭等裝飾，而甚至不分男女，都會戴上瞳孔放大片，營造出一種不真實的虛幻感。

可以說，原來的反體制精神，經過普及後，今日的龐克少了當初的強烈價值觀，但卻也成為過去50年時尚界多元創意的重要動力，當全世界的年輕人都擁有一件憤世標語T恤時，龐克，就在你我身邊了。

文／吳中傑

一大時尚標記

毫無異議，英式格紋是全世界應用最廣泛的服飾花色之一，格紋可以學院，可以經典，也能夠可愛，英國最知名的品牌都大量使用格紋，也讓這種傳統花色，變成全世界的經典時尚之一。

17 英式格紋
全球最夯圖騰

每個人大概都有一件格子襯衫，或是一條格紋圍巾。

英式格紋原是一種地區圖騰。1700 年前，現為英國的蘇格蘭地區，人們會用方格子布來塞緊陶罐。17 世紀，外地來行醫的醫生，發現不同地區人所穿的方格紋不太一樣（因為當地可用的羊毛顏色和天然染料不同），恰好能用格紋來區分一個人的來處。17、18 世紀，勇猛的蘇格蘭高地人互相爭戰，氏族各異的格紋布服裝，就成了識別敵我的標誌。

一度因為蘇格蘭打敗仗輸給英格蘭，高地人被禁止穿傳統格紋裙，而使這種格紋隨之沒落。幸而有品味極佳的「英格蘭第一紳士」喬治四世（George IV），訪問了蘇格蘭，而且說「讓每個人都穿上屬於他自己的格紋。」格紋從此解禁，成為正式而榮耀的標記。

到 19 世紀末，幾乎有頭有臉的家族，都有專屬的蘇格蘭格紋。私有的圖案登記在案，以姓氏命名，成為一種地位的象徵。13 世紀時，黑白灰相間的黑灰格被稱為「政府格」，是特別為皇室成員訂製的格子圖案。被大家所熟悉的「紅加綠」格紋，則源自當今英國女王母系的斯圖爾特（Stewart）家族。

文 / 盧怡安

斯圖爾特皇家格紋

五款經典格紋

英式格紋，從地區家徽成為你我身上最常見的紋樣。但，你可知道
自己那條圍巾上的格紋花色，代表什麼身分？

18 斯圖爾特皇家格紋
龐克最愛顛覆的花色

歐美的紡織界有一個說法：「蘇格蘭格紋，等於一部大英帝國
史。」從這句話，不難看出蘇格蘭服飾的重要地位。至今，由底紋
（under check，即底色）和面紋（over check，即上面線條）各異
所組成的格子花色，到現在的英式格紋，已有超過 4,500 個註冊圖
案。最有代表性的格紋，基本色離不開白、黑、紅、黃、綠、深藍
這 6 色，傳統的蘇格蘭格紋，最少 2 色、最多則是 6 色。

屬於伊莉莎白二世家族的是斯圖爾特皇家格紋（Stewart
Royaltartan），女王全身上下的行頭都可能利用這種布料來做。以
其顯著地位，不難想像這就是最常被龐克文化拿來顛覆的花色。

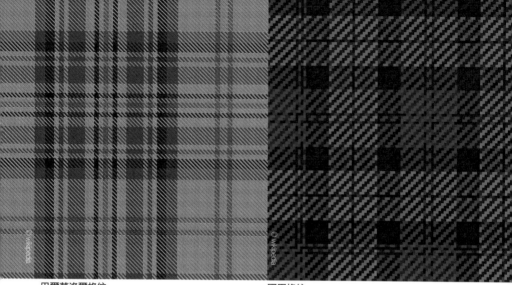

巴爾莫洛爾格紋　　　　　　　　　　　　軍用格紋

19 巴爾莫洛爾格紋
維多利亞女王皇家格紋

巴爾莫洛爾格紋（Balmoral tartan）屬於典型的皇家格紋。原型由維多利亞女王的夫婿艾伯特親王（Albert，Prince Consort），為女王在蘇格蘭巴爾莫洛爾行宮（Balmoral Castle）的宮內裝飾所設計，象徵花崗岩般的圖案。最初只有女王和少數親近的皇室成員能用，或是女王的風笛手。

20 軍用格紋
最古老的官方基本款

最早也最基本的蘇格蘭格紋，是軍用格紋（Black Watch tartan）。由黑、綠、藍 3 色組成，專為政府、軍方所用，名稱來自蘇格蘭高地軍團（The Black Watch），是早期唯一正式合法立案的格紋。被認為是後續各種獵裝格紋的前身，也是多數格紋的基本參考。

狩獵格紋　　　　　　　　　　　　　洋裝格紋

21 狩獵格紋
色系偏暗方便隱身

狩獵格紋（hunting tartan）是打獵時獵裝所用布料的總稱，各個家族不太一樣，但通常都會選用綠色、棕色，或偏暗的色系，方便打獵時隱身之用。女性專用者還會加上一些不同的色系和設計，如紅色。圖為斯圖爾特家族的打獵專屬格紋，可能是最早，也是現在最普遍的花色。

22 洋裝格紋
亮色系變化多

格紋的花色最早都只有家族格紋，有些女性從中增加比較淺、亮的顏色，衍生出新的圖案、花色，用來做出變化更多的服裝，於是出現了洋裝格紋（dress tartan）這種新的格紋種類。男女都可以用，主要是穿了出席晚會。有些比較嚴格的家族首長，會不承認這些圖案屬於正式家族所用。圖為斯圖爾特家族紋變化出的新格紋，底色變白，加上黃、白條紋。

文／盧怡安

達志影像

一大紳士時尚

倫敦紳士開創了世界唯一通行的正式服裝：西裝。其中的品味與細節，也只有他們最了解。

23 英倫西裝
菁英男大生帶起流行

講到正式專業、禮貌的樣子，「西裝筆挺」幾個字便會鑽入我們腦海中。到底誰制定了這麼一套穿衣的規矩，又為什麼能有魅力席捲東、西方，成為國際禮儀呢？

在英國人主導西裝流行之前，歐洲男人正式的服裝，大抵是像我們聯想到的法王路易十四（Louis XIV）那樣穿：有後襬的長外套、扣子很多、貼腿的半截褲、長靴或踝靴。

一直到維多利亞時代的英國，這種燕尾服形式，才在休息室裡被偷偷打破。上流社會的晚宴過後，男士聚在餐廳旁的休息室裡交誼喝酒、抽根雪茄，扣子一堆又不好坐臥的服裝惹人嫌，開始有人模仿早期歐洲漁夫為了工作方便，敞領、少扣、無尾的外套，把燕尾服縮短。這就是現代西服的原型，所以西服在英文中，最初也被稱為「交誼服」（Lounge suits）。

牛津、劍橋大學的學生，是讓西裝真正流行起來的族群。這群年輕學生讓世人發現，和長尾外套與半截褲比起來，這種原在休息室裡、難登大雅之堂的短外套裝扮，顯然更硬挺俐落、具有男子氣概多了。於是 19 世紀中，伴隨著英國政治、經濟的龐大影響力，由牛津、劍橋菁英帶動紳士新興流行的裝束，便成為大家共識裡的正式服裝了。

不論任何人，穿上去就能將身型修飾得有型有款，是西裝通行無阻的真正魅力。在世界流行的三大西裝派別中，英式西裝比美式、義式更講究胸、腰、臀的正確比例，也更能表現西裝修飾的功能。因此直至今日，倫敦薩維爾街仍是全球訂製西服的最高殿堂。

文／盧怡安

高級西裝四重點

西服中的肩線、腰線、扣眼及布料，是展現細緻品味之處。掌握西裝最強調重視的：胸、腰、臀黃金比例要領，穿起高級西裝就能展現英俊挺拔的身型。

24 肩線，挺拔的第一關鍵

倫敦薩維爾街訂做的西裝，硬是比名牌成衣西裝還要高級、好看，為什麼？當然是因為合身，能隱惡揚善。明眼人瞟一眼就看穿你的西裝是不是訂做的，他那一眼瞟哪裡？肩線。成衣再怎麼厲害，還是沒有訂做款的肩線恰到好處。太寬顯垮、太窄侷促，肩線服貼卻硬挺，是讓人有精神的第一關鍵。

英式西裝講究曲線，從側面看，肩頭應尖橢一點，不是正圓，好讓線條略微修長有氣質，也讓你的薄胸，側面比較起來更像是隆起、具分量。因此，西裝外套胸腔部分要比真實略擴，以接近胸寬腰窄的比例。

穿西裝還看起來弱不禁風者，最好避免軟料，應選擇硬挺面料，讓胸腔看來結實。黃金比例是指胸圍比腰圍寬 5 吋，假的寬闊胸腔，用硬挺的內結構支撐。

25 腰線，改善身型的武器

美式西裝是箱型的，上方下方，優點是好活動，缺點是看起來矮胖；義式西裝是修長緊窄的，線條柔軟立體，優點是優雅迷人，缺點在於不是瘦子根本擠不進去。只有英式西裝的腰身，拯救了世間不完美卻不服輸的男子。略收的腰身，稱為英式垂墜，看起來就好像有胸腔又有腰。高明與否，在於內收的腰線，要以整體視覺美感來拿捏平衡，將主人的真實鮪魚肚或排骨藏得好好的。

要注意的是，想要靠著穿西裝讓腰看起來更瘦，千萬不可束緊腰圍造成鈕扣爆開；而用大量布料掩蓋臀部，也只會看起來更加膨脹。選擇刻意較深、較窄（也不能窄過頭，看起來更胖）的外套翻領，拉長線條，能讓西裝外套的深 V 區，充滿胸腔健壯的男人味，讓整體線條看來更為英挺。

至於身型過於瘦長者，英式西裝也有解方。裝飾在右腰口袋上方，迷人的「票袋」（ticket pocket，過去為放置戲票的口袋），能讓長腰有點綴，豐富視覺，擺脫狹長感。但所有的西裝都一樣，忌諱在口袋裡放任何物件，否則處處講究的線條就白費工了。

郭政彰攝

26 扣眼
真正品味的細節

真正的英國紳士，在比拚訂製西裝誰較高檔到極致之時，毫不起眼的扣眼，居然是個勝負關鍵。不夠高級的，扣眼是機器織的，平整沒有個性。深究品味者，扣眼是師傅手縫的，縫線立體有生命力。懂得觀察到這一點，師傅都會公認你夠在行、有眼光。

西裝要穿得好看，可以善用這個小細節修飾：例如選擇腰扣（2 顆扣的第 1 顆，或 3 顆扣的第 2 顆）比真實腰部略高的外套，搭配直條紋、褲腳不反折長褲，就能夠拉高上半身，讓人在視覺上有高挑的錯覺。

27 布料
悶騷才是王道

選對合於自己、適於場合的花紋，是西裝更上層樓的學問。遠看好像沒有圖案，近看充滿了細節的暗紋、織法，默默散發典雅或有個性的品味，這是典型英國紳士溝通的語言，不死板卻也不張揚。

針尖條紋（pin stripe）和粉筆紋（chalk stripe），是最細的兩種直條紋，美感在於它們不是平板的實線，而是由針尖挑起的細點組成，或如粉筆筆跡般邊緣不規則的線，與人字紋（herringbone）都屬於傳統西裝織紋。穿著它們，表示自己正式、古典與保守。

細看如無限圓點的鳥眼紋（bird's eye）及千鳥紋（dog tooth），則較顯活潑，正式性略減，但較具個性。方格紋，尤其格子越大的，就越休閒，如窗格紋（window pane），正式西裝中很少用。然格子細緻，尤其如綜合 4 種細格紋於一身的「威爾斯王子紋」（Prince of Wales check），因溫莎公爵（Edward VIII）喜愛而出名，則仍被認為優雅。

終歸一句話，西裝，是給懂規矩的人的時尚。

文 / 盧怡安

一雙經典男鞋

從工鞋變成最正式的男鞋，牛津鞋（Oxford shoe），不僅是男人鞋櫃裡的壓箱寶，更象徵一場足下解放革命。

28 牛津鞋
紳士革命的重要一步

20 世紀 60 年代，美國權威男性雜誌《君子》（*Esquire*）時尚專欄作家喬治・弗雷澤（George Frazier），曾說過一句膾炙人口的名言：「想知道一個傢伙穿著是否得體？往下看（Wanna know if a guy is well dressed? Look down）。」

自古以來，鞋子就是身分地位的表徵。在古希臘，奴隸是不許穿鞋的，他們被賣掉時，赤腳上蓋滿了白堊，因此被叫作「白堊人」。羅馬帝國奧勒良大帝（Aurelian）曾宣布，除了他本人和繼任者之外，任何人都不許穿紅鞋。後來歐洲鞋子的顏色，鞋尖的長度，都因身分地位的不同而有不同規定。

對紳士而言，鞋櫃裡絕不能少的正式鞋，就是一雙牛津鞋。

英國禮儀專家摩根（John Morgan）曾在《泰晤士報》（*The Times*）的禮儀專欄中感歎道：「除了牛津鞋和三件套西服，再也找不到英國紳士的好時光了。」可見牛津鞋之於紳士風範，最是不可或缺。

牛津鞋可說是英國對於世界男鞋款式的一大貢獻。但今日非常正式的牛津鞋，在 2 百年前卻是一種解放的象徵；男人穿高跟鞋是由法王路易十四帶動，但讓男人的腳不受高筒靴束縛，則是英國人的功勞。

14 世紀時，歐洲貴族男士穿的是一種尖頭鞋。地位越高，鞋頭越尖越長，長到不得不用一條細鏈，把鞋尖拴在膝頭的吊襪帶上。17 世紀，歐洲男人的鞋頭上都有一朵玫瑰花，後來演變成蝴蝶結，再演變成鞋扣；18 世紀的法國貴族則流行穿著高跟鞋，鞋扣上鑲著閃亮亮的鑽石。直到法國革命，斷頭台砍掉了國王和貴族的

©達志影像

腦袋，男人高跟鞋的政治正確才被砍掉。不過，在 19 世紀之前，大部分歐洲男性都以靴子為主，那是正式與權力的象徵。當時甚至有一種說法：拿破崙的軍隊之所以所向披靡，是因為軍隊的靴子品質特別好。

英國環境濕冷，貴族鄉間活動較多，更流行高過膝蓋，每天得讓可憐的僕人幫忙費力脫下的高筒靴。據說牛津鞋最早出現在蘇格蘭或愛爾蘭地區，脫胎自蘇格蘭和愛爾蘭人所穿的工鞋。最初為了方便在泥濘沼澤中跋涉，鞋頭被雕飾出小孔，以利排水，但事實如何已經不可考。可以確定的是，17 世紀時，五孔綁帶、側面有道開口的半筒靴，已經出現在英國牛津大學，因為較靴子更為輕鬆自在，受到年輕男士的歡迎，逐漸成為學生之間常穿的款式。到了 18 世紀，牛津大學生興起一場反抗社會規範的運動，經過革新，鞋幫又往下降，低至腳踝以下，側面開口變成了正面繫帶。

這種鞋款也有了牛津鞋之名。從牛津開始，逐漸流行，男士們開始拋棄靴子，到 19 世紀牛津鞋已經成為上得正式場合的鞋款，成了現代概念中的「紳士皮鞋」。

文 / 陳雅玲

四款主流牛津鞋

男人不能不認識牛津鞋，因為，它是當今最正式的男鞋款式。女人也不能不了解牛津鞋，因為，近年流行的「男朋友裝」（Boy riend），腳上一定少不了它。

29 素面鞋
簡潔俐落的基本款

牛津鞋的基本款為素面鞋（plain tow），鞋面上沒有任何裝飾性的設計，線條簡潔。可是也因此有些單調，所以在此基礎上發展出其他幾種不同的設計。

這款皮鞋最大的特色為封閉式襟片（enclosed lacing）：兩側鞋翼用鞋帶綁緊時，會完全密合。這是與得比鞋（Derby shoes，採開放式襟片）最大不同之處。此外，牛津鞋通常有 4~6 對鞋帶孔，繫緊鞋帶時，鞋翼嚴絲合縫，十分牢固，看起來非常正式。

◎達志影像

30 橫飾鞋
最具傳統古典味

橫飾鞋（cap-toe）在鞋頭部分再接上一片皮革，以簡單縫線跨過。可別小看了這條簡單的橫飾，立刻使鞋面多了幾分古典的味道。甚至不少比較傳統的人認為，只有橫飾鞋才是真正意義上的牛津鞋，不但搭配正裝西服沒有問題，甚至連禮服都合宜。

男士的腳下革命，其實還產生不少故事。美國第三屆總統湯瑪斯‧傑弗遜（Thomas Jefferson）在 1801 年的就職大典上，就穿著這種繫著鞋帶的牛津鞋。那時鞋帶還很新鮮，所以引起轟動。傑弗遜並不想成為時尚達人，他只不過是在 1785 年到 1789 年任美國駐法公使時，受到革命精神的影響而已。

到了 20 世紀，舉凡政治、金融等重要領域的專業人士，沒有一雙牛津鞋就走不出家門。在大不列顛國協地區，甚至還演化出例如「銀行家鞋」（banker's shoses）這樣的名詞，其實都是牛津鞋的演化版。

©達志影像

31 翼紋鞋
溫莎公爵的最愛

將鞋頭的那條橫飾變化為 w 型的翼紋鞋（wing-tip），就像鳥兒飛翔伸展的翅膀的一樣，並加入大量裝飾性鞋孔，成為設計性強烈的雕花設計。長期以來，素色的翼紋鞋都是商務人士最喜愛的皮鞋款式。做為現代商業正裝的搭配自然十分完美，不過，向上搭配禮服或者向下搭配休閒款的服裝，便不是那麼對味了。

不愛江山愛美人的溫莎公爵，曾是英國最有品味的男人，喜歡穿著黑白兩色的雕花翼紋牛津鞋打高爾夫球和旅行。1928 年時，美國最大的百貨公司希爾斯百貨（Sears Roebuck & Co）商品目錄也有如下記載：「這一季，雙色牛津鞋的銷售是史無前例的，成為當下時髦的標誌。」

32 鞍形鞋
名校學生所愛

在腳背上增加了一條帶狀的皮革的鞍形鞋（Saddle），像馬鞍一樣橫跨過整個腳背，成為一種雙色雙材質的變化做法。這種風格的皮鞋早年特別為常春藤名校的學生所喜愛。

可不要以為只有男人愛牛津鞋哦。《鞋教徒》（*Heart and Sole: The Shoes of My Life*）書中，作者珍·愛德蕭（Jane Eldershaw）的母親擁有 56 雙鞋，幾乎全是牛津鞋。「每一個盒子上都貼著黑色的標籤，上面用大寫字母精細地拼寫著：黑白牛津鞋、藍白牛津鞋、褐白牛津鞋。這些差不多足夠穿上一輩子的鞋，就好像上等紅酒一樣，被小心翼翼擺在鞋櫃裡。」

這 1、2 年復古風與中性風大受追捧，牛津鞋再度成為女性「男朋友裝」熱潮的時尚語彙。在女星前仆後繼的跟風中，兩色英式牛津鞋紅遍全球，女孩子們人腳一雙。

女人穿牛津鞋是一件很不一樣的事情，該怎麼搭配呢？穿得最潮、最有「範」的，莫過於英國超模艾潔妮絲·迪恩（Agyness Deyn），她的腳上，出現過各種單色或配色的牛津鞋，俏麗的超短髮，戴著男友的小禮帽、身穿白襯衫、機車皮衣，要有多帥，就有多帥。想要英倫風、學院風，男孩子的率性感，甚至龐克風，選它就對了！

文 / 陳雅玲

建築 Architecture

發源自倫敦的叛逆建築，帶給世界顛覆性的美感。

兩大建築精神

現代建築語彙中,玻璃帷幕、鋼骨結構,甚至連台灣咖啡店都很流行的管線外露天花板或建築,全都來自英國倫敦。

從千禧橋望向泰特現代美術館

33 結構與材料
意想不到的持續創新

來自英國的叛逆建築，從工業革命時代，就不安於室。那時出現一群有才氣的工程師，擅長造橋、塑造綠色庭園。1815 年，全球第一場世界博覽會在倫敦舉行，園藝師約瑟夫·帕克斯頓（Joseph Paxton）就用溫室的觀念，造了一座全部由拱型鋼骨、外罩玻璃而成的「水晶宮」（The Crystal Palace），被譽為是當時全世界最宏偉、最有想像力的建築物。因為當時除了木、磚、石，還沒有人想像得到能用任何其他材料蓋出如此龐然大物。玻璃與鐵的建築物，開始風靡整個世界，至今方興未艾。

以前蓋房子，必須「金玉其外」，裝飾感強，因為現實功能而存在的東西，電線、水管，都不能從外面被看到。但 30 多年前，英國建築師理查·羅傑斯（Richard Rogers）在法國巴黎所造的龐畢度中心（Centre Georges-Pompidou），大膽地把樓梯和水管這些工程細節，當作全新的裝置藝術般展現在建築外觀上。從此工程化為建築美學，肉裡的骨外露，組成新的美感。

倫敦創造出管線外露、玻璃與鋼鐵這些全新建築，但建築師並沒有忘了傳統，傳統品味，都還在他們骨子裡，形成他們的精神與特色。倫敦建築師善於利用傳統語彙，產生矛盾的反諷。不了解傳統，就不能算是大膽，建築上的表現也是一樣。

從不必懸吊就能乘載 5 千人的強勁鐵橋千禧橋（Millennium Bridge），望向由傳統火力發電廠改建的泰特現代美術館（Tate Modern），這個角落，就是英國反叛建築的經典風景。

Info.
千禧橋（Millennium Bridge）
地址：Thames Embankment, London
電話：+44-20-7606-3030

泰特現代美術館（Tate Modern）
地址：Millbank, London SW1P 4RG
電話：+44-20-7887-8888

倫敦國家劇院

34 重視細節，內斂的英式價值觀

英國最具代表性的兩大傳統文化，是文學和裁縫，都有含蓄的特性。談話一定先從天氣開始繞著圈子講，內行人才懂得背後的涵義是什麼。博柏利的風衣，外面簡單得不得了，掀開來領子、袖口，都是非常精密的計算，把驚人的東西藏在看不見的細節裡。

即使是新建築，邏輯一樣是如此。

看看倫敦國家劇院（Royal Opera House），這是一所國家級的建築，沒有華麗的表態，不用大理石，沒有裝飾性元素。建築師選擇最普世的材料，最貼近勞工階級的象徵，就是清水泥，利用這種矛盾，凸顯出叛逆。

不過，就算是故意要以不精緻、不華麗來挑戰俗成規範，建築師卻沒有放棄英國傳統的含蓄語法，和對細節的挑剔堅持。在灰濛濛又一直下雨的倫敦，這一棟清水泥的建築物，完全不起眼，低調得很。然而，每一片清水泥上，都留有仔細挑選過木板的細緻木紋，絕不是拆了模以後像豆腐渣一樣粗糙。

進到大廳，到餐飲區，到書店，仍是清一色灰撲撲的調子。直到坐在劇院裡面，燈光暗下來，才會恍然大悟：唯一的顏色是在舞台上，整個劇場內外就像是一個大後台，才能促使夢幻和戲劇效果一瞬間在舞台上發生。從 19、20 世紀莎士比亞（William Shakespeare）的舞台劇，到現代的舞蹈，怎麼搭配都不會突兀。

可以說，被隱藏得很好卻十足講究細節的態度，是非常具有英國味道的。

文／盧怡安

Info.
倫敦國家劇院（Royal Opera House）
地址：Bow St, London WC2E 9DD
電話：+44-20-7240-1200

一大建築龍頭

英國建築聯盟學院（Architectural Association School of Architecture），簡稱 AA。這兩個字母，就像開鎖的密碼一樣，一次一次解開世界建築觀念的禁錮，反轉工程結構不能外露的美學，反轉建築外觀要方正剛直的約束。

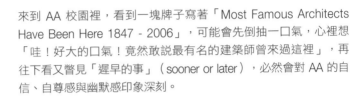

35 AA
當代建築人才的搖籃

如果詢問建築專業者，哪裡是全球第一流建築人才的搖籃？AA 絕對是第一個答案！英國知名女建築設計師札哈·哈蒂（Zaha Hadid），以及設計龐畢度中心的英國建築師理查·羅傑斯，他們都來自 AA。

來到 AA 校園裡，看到一塊牌子寫著「Most Famous Architects Have Been Here 1847 - 2006」，可能會先倒抽一口氣，心裡想「哇！好大的口氣！竟然敢說最有名的建築師曾來過這裡」，再往下看又瞥見「遲早的事」（sooner or later），必然會對 AA 的自信、自尊感與幽默感印象深刻。

眾所皆知，英國是一個相對傳統、保守的國家，建築教育也不例外，1847 年，時值 24 歲的羅伯特·克爾（Robert Kerr）與 19 歲的查爾斯·格雷（Charles Gray），兩位不滿於學院派建築教育的年輕人跳出來成立了 AA，在發起時名字裡並沒有「學校」這個字眼，藉由自學、獨立學習、互相交流，在每週五傍晚以一種類似讀書團體的方式指導、討論、評論設計，為有心學建築的學子提供一套獨立的教育系統。

AA 的橫空出世就像英國建築教育迸發的出埃及記，自此，其叛逆、向傳統挑戰的精神，逐漸成為英國對當代建築貢獻的搖籃。許多後來在建築發展、思潮、設計方面有傑出表現的人（並不侷限英國人），都曾受教或任教於 AA 殿堂。

AA，不但沒有在英國大學聯招系統（UCAS）名單中，甚至根本就不是體制中的學校。AA 的精神，就是充滿實驗性，於是養成一群叛逆者，在全世界開枝散葉。

文 / 楊恩達

Info.
英國建築聯盟學院
（AA, Architectural Association School of Architecture）
地址：36 Bedford Square, London WC1B 3ES
電話：+44-20-7887-4000

建築四雄

AA 所培養出的建築大師很多，其中有三位得到過普立茲克建築獎
（Pritzker Architecture Prize），另一位則是最具代表性的年輕建築
大師，是大家一定要認識的。

千禧圓頂

36 理查・羅傑斯
高科技派祖師爺

理查・羅傑斯被建築界奉為「高科技派」的代言人。除了龐畢度中心，1986 年，羅傑斯設計的倫敦勞埃德大樓（Lloyd's building）完成，他讓大樓外部布滿各種管線及結構，使用大量金屬材質，讓整棟建築擁有非凡的超時代感，再次引起人們的爭議，也為羅傑斯的生涯樹立里程碑。

觀眾們可能對於 007 系列電影《縱橫天下》（*The World Is Not Enough*）裡，龐德在倫敦河道追逐的驚險過程印象深刻，當中出現的千禧圓頂（Millennium Dome，現更名為 The O2）即出於羅傑斯手筆，是 20 世紀末倫敦為了進入千禧年而蓋的諸多建設之一。

千禧圓頂位於泰晤士河（Thames River）邊的格林威治半島（Greenwich Peninsula）上，是建築美學與工程創新之完美結合。12 根高達百米的結構鋼柱，穿過圓頂直指天空，結構鋼柱拉著直徑 365 米、周長大於 1 千米的鋼纜網，創造碩大無比的室內空間，室內最高處為 50 多米，其屋頂採用 1 毫米厚的薄膜，表面積 10 萬平方米，看似柔弱實則堅韌無比，可承受波音 747 飛機的重量，由於屋頂薄膜所具備的半透光性及內部空間的完整、巨大，吸引許多電視、電影在此取景，各式大型演唱會、活動也都在此舉辦，是倫敦市民重要的文化娛樂場所。

羅傑斯贏得無數掌聲，卻直到 2007 年總算獲頒普立茲克建築獎，時年 74 歲，正式名列建築大師之榜。

在台灣，若想要看到羅傑斯的大作不必出國，高雄捷運中央公園站就出自他的手筆。

Info.
勞埃德大樓（Lloyd's building）
地址：1 Lime Street, London EC3M 7HA

千禧圓頂（Millennium Dome）
地址：The O2, Millennium Way, London SE10 0AX
電話：+44-20-8269-0202

37 札哈・哈蒂
空間新女皇

1950 年出生於巴格達的英國籍女建築師札哈・哈蒂，據聞帶有伊
拉克前統治者哈希姆家族（Banu Hashim）的血統。年輕時的哈蒂
在美國大學取得數學學士學位，之後前往倫敦學習建築設計。

蛇形畫廊

傳統建築中的刻板印象，在哈蒂手上一一被打破，她解放空間的可能性，讓她在解構主義（Deconstruction）建築界的地位備受肯定。2004 年，年僅 54 歲的札哈・哈蒂，成為首位獲頒普立茲克建築獎的女性建築師。讓建築圈普遍感到驚奇的是，哈蒂的作品大部分都存在於紙上，當時真正實現的作品只有 5 件：德國維特拉消防中心（Vitra Fire Station）、LF One 園藝展覽館（LF One/Landesgartenschau）、法國的斯特拉斯堡電車站和停車場設施、奧地利冬奧會滑雪跳台（Bergisel Ski Jump），以及美國的辛辛那提當代藝術中心（Rosenthal Center for Contemporary Arts）。

© 達志影像

蛇形畫廊

顯然評審的著眼點是在哈蒂對當代建築思潮的貢獻，結合現代主義（Modernism）、解構主義、藝術創作，到建築空間的流動性，以其思緒的大膽、無畏，給全球建築創新許多啟示。像是哈蒂在阿布達比設計的表演藝術中心（Performing Arts Centre）、亞塞拜然共和國的阿利耶夫文化中心（Heydar Aliyev Center），以及倫敦蛇形畫廊（Serpentine Sackler Gallery），都有著如同變形蟲，又像太空生物一般，圓滑、具生命力、想像力的線條，綻放一種動感的新視覺。

近年哈蒂持續出現的幾件作品，依然讓大家耳目一新，例如羅馬二十一世紀美術館（Museum of Art for the XXI Century, 簡稱MAXXI）、香奈兒移動藝術館（Chanel Mobile Art）等；這些作品中以羅馬 MAXXI 的設計及興建過程最艱辛，哈蒂於 1998 年的國際競圖擊敗許多建築大師，在 273 件作品中脫穎而出，一直到 2009年才完工，可謂「十年磨一劍」！

MAXXI 位於羅馬西北邊的弗朗密紐（Flaminio）區，原址是二次世界大戰後廢棄不用的軍工廠，1930 年代低層住宅圍繞基地周圍。哈蒂妥善處理了建築與周邊環境的關係，美術館與周邊低矮房舍保持高度一致性，卻又讓建築體和結構重新創造都市地景。走入美術館內，天光照射下，黑色樓梯漂浮在混凝土弧牆所塑造的白色空間當中，好像進入一個夢境。此案為哈蒂贏得 2010 年英國皇家建築協會（Royal Institute of British Architects，簡稱 RIBA）史特靈建築大獎（RIBA Stirling Prize）。

Info.
蛇形畫廊（Serpentine Sackler Gallery）
地址：Kensington Garden, West Carriage Drive, London
　　　W2
電話：+44-20-7402-6075

38 湯瑪斯・赫斯維克
跨界創意家

2010 年，上海世博英國館（Shanghai Expo 2010 - British pavilion），以非凡的展覽館「種子聖殿」（Seed Cathedral）折服全世界。設計者湯瑪斯・赫斯維克（Thomas Heatherwick）堪稱是英國 40 歲建築師、設計師的代表人物。

以強烈的設計結合環境議題與建築外型，赫斯維克堪稱年輕一輩建築師的佼佼者。1970 年出生的他，設計作品十分多元，小至提袋、桌椅、櫥櫃，大到車輛、商店、場館，都能窺見他在材料、構件、造型、顏色方面操作的能力。

倫敦的潘汀頓區（Paddington）有一座很有名的人行步橋「滾動橋」（rolling bridge），由於整個潘汀頓區域以水道貫穿，兩岸間依賴橋梁相通，這座橋透過巧妙的機械裝置，平常打開時能讓行人穿越，而遇到船舶必須行駛而過時，滾動橋又能夠像遇到外力攻擊的毛蟲那樣蜷曲起來成為一小團。這座有意思的小橋每次打開、收起時都抓住人的目光，這正是赫斯維克 31 歲的設計！

Info.
滾動橋（rolling bridge）
地址：S Wharf Rd, London W2

39 庫哈斯
最在地的國際大師

1944 年出生於荷蘭鹿特丹的庫哈斯（Rem Koolhaas），在 56 歲時獲頒普立茲克建築獎成為建築大師。他的作品包括被北京人戲稱為「大褲叉」的北京 CCTV 中央電視台（更有北京人認為CCTV 的建築形體長得像一個巨人蹲馬桶時的兩條腿）。

每年 7 月中至 10 月中旬，在倫敦海德公園（Hyde Park）的草地上會出現一座臨時「涼亭」，這是從 2000 年就由倫敦蛇形畫廊所展開的計畫，每年邀請在英國未曾設計過建築的知名建築師，用他們的構思，展現對形式、結構、材料的想法，2006 年便是由庫哈斯與結構大師鮑曼（Cecil Balmond）共同設計，以一個巨大蛋形帳篷，像氣球般漂浮在草地上。白天，外部環境的都市色彩、藍天、綠地，漫過帳篷半透明的皮層；夜間，帳篷從內部散發光彩，無論開車或步行經過的民眾，莫不投以注目的眼光，帳篷隨著天氣變化上升、下降，市民可以在這裡聽演講、吃下午茶、參加派對。

2012 年開工動土的台北藝術中心，亦出自庫哈斯之手，他表示這建的築概念發想自他到士林夜市吃鴛鴦麻辣鍋，在小小的鍋內看到琳琅滿目的食材，就像是士林不間斷且龐雜的人潮、車潮、活動，所以他直接利用這簡單形體構成台北藝術中心的外型，將這種有勁道、強烈的「在地觀察」整合在設計裡。

文 / 楊恩達

一棟棟綠建築

2012 年，經過金融海嘯洗禮的倫敦，要辦一個最簡約、最符合綠色永續概念的奧運會，其奧運建築群，成為一系列綠建築代表。

40 倫敦奧運場館
追求綠色簡約

自 1896 年第一屆現代奧運恢復舉辦起，世界各主要城市往往摩拳擦掌，一旦申奧成功，就準備大興土木，讓城市脫胎換骨；其中關鍵，便是包括奧運主場館、各賽事運動館與選手村等，龐大的奧運場館建築群，可以為城市帶來新風貌。

1972 年，德國慕尼黑奧運，其主場館獨特的帳篷玻璃屋頂設計，至今仍讓人津津樂道；2000 年雪梨奧運，將環保概念落入建築設計中，使用大量太陽能電力，也獲得各界讚賞。

但，光彩的背後，是需要付出代價的，光鮮亮麗的奧運建築，往往為舉辦城市帶來沉重的財務負擔。例如 2008 年北京奧運的主場館鳥巢，光興建成本便投入超過 310 億元新台幣，啟用後，每年基本營運費用就要 3.5 億元新台幣，對北京政府來說是一筆龐大支出。1976 年，加拿大蒙特婁奧運的經驗更是慘烈，市府足足花了 30 年，才清償完奧運所帶來的債務。過往其他屆的奧運建築，也常常是大而無當，許多場館在結束奧運賽事後，都會縮減座椅規模，或重新微調設施，甚至接受企業冠名贊助，以減低經營壓力。

金融海嘯後，原本倚賴銀行業甚深的倫敦，自然沒有本錢在舉辦奧運上揮霍，甚至還要寄望奧運給倫敦帶來成長。因此，倫敦奧運整體設計理念，便是以「追求綠色」（Going for Green）的永續使用概念作為主軸，場館盡量翻修舊有建築，就算新建的場館，也都符合綠色環保概念，並力求精簡。

因此，倫敦奧運園區用地的挑選，以東倫敦地區，過去曾遭工業污染的「棕地」（Brownfield）為基礎，將其淨化，讓閒置土地再利用；主場館設計上，也設計為可拆卸組合的建築體，以便在奧運結束後，能變身為符合一般賽事需求的體育場，永續使用。同時英國政府並強調，將奧運總體建設經費的四分之三，都用在改善城市基礎建設，要一改過去奧運常給人鋪張、浪費的負面觀感。

文 / 吳中傑

奧運精彩三館

倫敦奧運風光落幕，其中的主場館（London Olympic Stadium）、
水上運動中心（London Aquatics Centre）及自行車競賽館（Lee
Valley VeloPark），是你一定要認識的精彩建築。

Author: Les Bardfor, anthony from UK
© Wikimedia Commons

41 倫敦奧運主場館
可重複回收再利用

因其渾圓的外型,被暱稱為「倫敦碗」(London bowl)的倫敦奧運主場館,因號稱「用完就丟」而引起世人關注。其實這座主場館,並不是真的會在奧運賽事後丟棄,而是在興建時,分為上下兩層建築體,底部可容納 2 萬 5 千人的座位,是永久性建築,而上層可容納 5 萬 5 千人,以輕鋼鐵和混凝土構成,會在奧運結束後拆卸,讓整個場館成為較符合一般賽事與表演規模的場地,擺脫過往奧運場館往往因座位太多、成本過高而淪為蚊子館的陰影。

近年來,國際鋼鐵價格飆漲,供給變少,於是主場館建築上,便減低鋼鐵運用的比例,與過往主建築體完全以鋼鐵構成的體育場相比,整整少了 75% 的鋼鐵用量。同時也使用從工業廢棄物做成的低碳混凝土,含碳程度少了40%,最上層的屋頂,甚至是用廢棄的油管做為材料,完全貫徹倫敦奧運「減少、重複利用、回收」的永續觀點。

文 / 吳中傑

info.
倫敦奧運主場館(London Olympic Stadium)
地址:Queen Elizabeth Olympic Park, London E20 2ST

42 水上運動中心
翻起大浪的白色水世界

倫敦水上運動中心，是整個奧運園區的門面，英國政府統計有三分之二遊客，通過游泳中心旁的大橋，進入奧運園區。這樣重要的門面，設計者當然不馬虎，是由札哈·哈蒂所設計。場館外表如一頭翻起滔天大浪的白鯨，也像一隻在湛藍海水中遨遊的魟魚，進到場館內，觀眾置身於跨度 160 米、90 米寬的波浪形複合鋼構屋頂下，就有如隨著這隻海中生物潛入無邊的水底世界。

這個總面積超過 1 萬 1 千平方米的波浪狀大屋頂，靈感來自移動中的水，最初因面積與重量等建築工法問題，曾被質疑是否真能如原設計完工。果真如期竣工後，證明了這位世界知名的女建築師，她的設計從來不只是狂想。

◎ 達志影像

緊鄰游泳中心旁，有一個臨時性的水上馬球場館，即便是臨時建物，外型也經過設計，漂亮地長在兩側，宛若擁有翅膀可以飛上天的海空兩棲生物。會做如此安排，是為了資源利用的效率考量，如此一來，兩個場館可以共用飲食區、轉播區以及安全設施等補給設施，同樣貫徹了節能的目標。在賽事後游泳中心，則成為日後訓練國家菁英級游泳選手，以及學校和家庭共用的游泳場地。

文／吳中傑、盧怡安

Info.
水上運動中心（London Aquatics Centre）
地址：Queen Elizabeth Olympic Park, London E20 2ZQ
電話：+44-20-8536-3150

© 達志影像

43 通風良好採光自然
自行車競賽館最環保

倫敦奧運的自行車競賽館，可說是比主場館還要更環保的建築。由設計上海世博英國館那一朵蒲公英建築而聞名於世的湯瑪斯赫斯維克事務所（Thomas Heatherwick Studio）主導，你看不清楚它的結構、力臂是怎麼形成的，底層又是玻璃的，遠看好像一頂帽子浮升在地面上一樣。視覺上很新穎，背後是無數精密的計算。

自行車競賽館外觀的質地，不再玩弄玻璃與鋼鐵的老把戲，而是木頭。木頭是一種有尺寸限制的材料，感覺不可能拼接得完美。但這棟建築物卻連接無數橫向細條木，模仿低速錄像中，人在奔跑時，後面拉出很多線條的殘影，造成一種速度感，彷彿是捕捉到速度凝定的瞬間。用看似非常笨拙的材料，體現出很抽象的「速度」觀念，表現超越北京奧運場地鳥巢、水立方時具體具象的境界。

這些大量木頭，是經過森林管理協會（FSC）認證的木材，外牆上大量的通風格板，能讓場館通風良好，達到自然循環，排除場內熱氣，減低對空調的依賴；同時場館也盡量採用自然採光，減少使用電子照明設備，減輕碳排放量。

在奧運結束後，自行車競賽館成為大型的自行車公園，原本鋪設在內的可滲透性瀝青地板材質，打碎後運往室外鋪設成自行車道，場內種植許多花草樹木，成為倫敦市發展腳踏車文化的中心。

文／吳中傑、盧怡安

Info.
自行車競賽館（Lee Valley VeloPark）
地址：Queen Elizabeth Olympic Park, Abercrombie Road, London E20 3AB
電話：+44-845-677-0600

美食 Gourmet

英國人的品味很兩極，可以比世界上其
他人更傳統，也可以比世界上其他人更加
激進。

英國菜兩大印象

當全世界都在嘲弄英國菜的時候，內斂的英國人並不會跳出來說：
「不會啊，我們吃得很好！」美味，自己明白就好，不需要張揚。

肥鴨餐廳的蝸牛粥

44 品味英國菜
不是只有炸魚薯條

曾經有個笑話描述地獄的景象：裡面有義大利人工程師、法國管理員、瑞士情人，以及英國廚師。英國食物，從來不會讓人有置身天堂的想像，過去唯一偉大的英國食物發明是三明治。1999 年，《紐約時報》（The New York Times）曾評論：「英國（食物）是世界上文明地區最糟糕的。」這件事還引得英國人焚燒美國國旗。不但如此，在八國高峰會時，英國食物的乏善可陳也曾被法、德、俄等大國元首當作笑話消遣，為此，也釀成不小的外交風波。

「英國的確有爛食物。」美食作家韓良露說：「不過，英國人的品味很兩極。保守的時候，他們可以比世界上其他人更傳統；前衛的時候，他們也可以比世界上其他人更激進。」

英國人一方面保存 12 世紀以來燉菜的傳統，特別講究食材低調的稀有性，另一方面，在自己國家發起工業革命 2 百多年之後，現代激進的美食分子，反過來領頭追求在地食材、對土地友善的綠色飲食態度。

曾被英國餐飲權威雜誌《餐廳》（Restaurant）選為 2005 年世界最佳餐廳的「肥鴨」（The Fat Duck）餐廳，除了搞分子料理（molecular gastronomy），推出有名的培根蛋冰淇淋等創意菜，同時也有意識地運用中世紀英國土生土長的在地傳統食材，像是蕪菁、大黃等，來復興英式風格。

韓良露說，倫敦在地新鮮食材才剛「復育」、能源成本也高，物價是非常、非常貴的。「知名的炸魚薯條，你花 2 百塊不行，花到 5 百塊時，它的魚料可以非常新鮮清甜，而且大分滿足，好吃得不得了。」韓良露說，一頓早餐，1 千元新台幣吃不到什麼好東西，可能要花到 2 千元新台幣以上，到對的古式莊園，才能品嘗到真正英式早餐因各項配料豐富而綻放的美味。

> Info.
> **肥鴨（The Fat Duck）**
> 地址：1 High Street, Bray, London, SL6 2AQ
> 電話：+44-1628-580-333

©達志影像

肉派

45 美食不越界
各階級有不同的美味層次

韓良露表示，在英國，各個階層都有自己明確的品味，而且感到自豪，絕對不會想逾越界線，到其他階層的餐廳去吃飯。

這不單單因為強烈的階層意識壓得你必須遵守，也是一種自信。美食，是看跟什麼人一起吃，最好和自己講同一類話題的人，吃這一群人都喜歡的食物，不需要越界貪食。這是一種態度，不是有沒有錢的問題。

例如喝紅茶，貴族愛喝有煙燻味的伯爵茶（earl grey），或味道清淡幽雅、不加奶的大吉嶺（Darjeoling），覺得低調與優雅。但藍領階層就是喜歡味道濃烈、加糖加奶的阿薩姆（Assam）奶茶，覺得那樣滋味才豐富強烈。中產階級，則熱愛香氣特殊的正山小種茶和白毫烏龍。這些分別沒有明顯的高低優劣，只有不同文化與擁戴的品味差異。

貴族階層所追求的美食品味，是低調的食材稀有性；他們享用的肉派，外表看起來和農民吃的豬肉派沒什麼不同，但卻是獵季中，稀有的水禽、兔子等野味所做成的，相當重視季節性。又或者，看起來同樣是一鍋燉羊肉，貴族講究的是稀有的羊頰肉，很可能要上百隻羊才燉得出眼前這一鍋，這只有明眼人才看得出來。

對知識分子階層的人來說，美味決定於在地新鮮食材，自然牛就是他們眼中的上好菜單。藍領階層的代表菜色則是綠鰻魚。鰻魚經過細燉慢熬，已經不見腥臭，只有清淡與軟嫩，一定會搭配的，是基礎白醬加荷蘭芹，轉為微帶清香的綠醬。

這背後代表普遍英國人崇尚的是：吃自己身邊隨處可見的食材，就是最好的了——倫敦泰晤士河至今還有許多鰻魚在其中。這一點，也不失為一項值得學習的態度。

文 / 盧怡安

英國菜四大發展

英式美食，每一口都有學問。所謂的英國爛食物，是工業革命時代才出現的。今天，重視在地新鮮食材的英國，早已成為低碳、綠色、健康飲食風潮的領銜者。

傳統英式料理：羊雜

46 中世紀，老食物的好味道

英國食物的乏味名揚世界，但中世紀到工業革命之前，可沒人説過英國菜不好吃。韓良露説，在 14 世紀英國國王亨利四世（Henry IV）的菜單裡，看得到英國食物的原型：蘭開夏燉肉（Lancashire hotpot）、爐烤牛肉（roast beef）等，以燉物知名。用中世紀鐵鍋來燉煮的食物，花時間、費工，保留食材的原汁，調味不多，是典型英國美味代表。只是今日的英國燃料貴、新鮮食材貴，一般人怎捨得花 3、4 個小時，燉一鍋費功夫的好菜？

真正中世紀傳下來的傳統英國菜品味，只保留在現階段的貴族階層中。貴族所享用的，也只是比當時農民食物再精緻化一點，原型與菜式都是一樣的。至今仍有部分老式餐廳，像是有 150 年歷史的「辛普森」（Simpson's-in-the-Strand），一直在做最傳統的料理，如肉派、餡餅、農夫肉腸、羊雜、牛腰布丁等。

韓良露介紹道，老式的貴族餐廳，如創立於 1798 年，英國最古老的高檔餐廳「茹爾斯」（Rules），外表不是鑲金包銀，是很傳統老舊的黑磚三層樓，和街道上其他建築很協調，裡面卻非常豪華。貴族餐廳所講究的豪華，倒不是金碧輝煌，而是充滿歷史感。例如連法國人看了都覺得充滿繁文縟節的複雜銀器、典雅細緻的老式家具，讓人感覺像在劇院裡用餐。

這些高檔餐廳，供應的菜色主要是傳統燉煮類美食，間或有烤的菜式，鮮少炸的、蒸的，也不會有晚期才進口英國的青江菜、巧克力醬這些東西。吃進嘴裡的時光，幾乎就停留在中世紀了。這是很精緻傳統的英國語言，沒受到工業革命的影響。

Info.
辛普森（Simpson's-in-the-Strand）
地址：100 Strand, London WC2R 0EW
電話：+44-20-7836-9112

茹爾斯（Rules）
地址：34-35 Maiden Lane, London WC2E 7LB
電話：+44-20-7836-5314

英式早餐

47 工業革命，只剩罐頭味

英國人的美食品味劇烈轉變，從工業革命開始。工業革命時代，英國人把農地都變成工廠，大量倚賴進口，自己土地上根本沒有農民。他們每天喝咖啡、喝茶，但是整個英國都沒有這些新鮮作物。

荷蘭原本是國際貿易最強的國家，英國取代它的地位後，把鄰近的國家，變成出產手工製作農產品最重要的地方。英國人自己還需要種什麼番茄嗎？從西班牙進口就得了。結果遇上了兩次世界大戰，英國的貿易管道受到極大影響。身處戰區，又是個食物自給率如此低的國家，人民根本沒有新鮮食物可烹煮。一個家庭單位，每月有3顆雞蛋，已經很不錯了。

韓良露說，這段時期，英國人三餐淪落到開罐頭了事，從早餐的豆子，到晚餐的鮭魚，都充滿了錫罐的澀味。這段配給時期持續到戰後數十年，時間長到造成很多英國人，從小到大都拿那股罐頭味，當作「錫」以為常的美味。

48 新時代，鮮食材意識抬頭

近20年內，在地新鮮食材意識從英國崛起。如1995年以來的生態運動，強調食物對生態的責任。自倫敦西面小城巴斯（Bath）擴散，到處開始冒出一處處有機農夫市集，全英約350處，組織起英國「全國農夫零售市場聯盟」（National Farmer's Retail & Markets Association）。

「裡面哪裡是什麼農夫？」韓良露說，這些人都是劍橋畢業生。即使是買一塊乳酪、一把香草，都能告訴你一大堆土地的知識、季節的學問、氣候的變遷、古老的傳統。「他們賣你賣得很有知識性。」這是和世界上其他「農夫」市集完全不一樣的地方。

今天，重視在地新鮮食材的英國，食物已經不一樣了，同樣的菜單，只要店家用的是新鮮食材，英國食物可以讓人吃得非常滿足。例如同樣是豆子、番茄與鮭魚的英式早餐菜單，新鮮燉煮豆子的甜香、烤過後新鮮番茄片的濃縮酸與甜，濃稠土雞蛋和略煎的新鮮鮭魚，韓良露說：「哪裡不好吃了？」

© Evan Muro / Wikimedia Commons

49 綠飲食料理，領導全球

進入 21 世紀，英國菜引領全球一項飲食時尚——綠色飲食。他們也是讓生機飲食跟美味連結的重要推手，從綠色飲食這端，成為目前全世界低碳、綠色、健康飲食風潮的領銜者。

幾位現代英國名廚，如傑米・奧利佛、戈登・拉姆齊（Gordon Ramsay）等，立志振興英國飲食文化。他們走的都是讓美味回歸簡單、健康的路線，提倡多使用有機耕種的蔬果，不約而同選擇以綠飲食，開創英國美食新境界。奧利佛在倫敦開的餐廳「河畔咖啡館」（River Café），就以有機食材馳名於世。菜單每月更換，除了符合「不時不食」的原則，更為客人帶來驚喜。

這一批明星級廚師不僅以低碳有機美食和慢食運動，來拯救英國人麻木已久的味覺，更影響全世界的飲食觀念與品味。

相較之下，巴黎人不會去管世界的飲食觀念，他們懂得挑、懂得用，是出於一種習慣，不像英國文化人，要這麼用力去實踐對食物的前衛綠色態度。

文 / 盧怡安

Info.
河畔咖啡館（River Café）
地址：Thames Wharf, Rainville Road, London W6 9HA
電話：+44-20-7386-4200

三大健康飲食革命

英國，是啟發全世界發展綠色食物態度的龍頭，最早開始推行有機農業，也是第一個實施有機認證的國家。還首開世界之先河，在校園發起營養午餐革命。

50 有機農業，英國是領頭羊

台灣近年來很夯的假日小農，英國早在 1908 年就開始施行。當時英國政府通過立法，保障人民擁有種植以及生產自己糧食的權利，這項法案是為那些住在房屋密集區，而無自家前後院的居民特別設定的，由政府提供市民農場，讓符合資格的居民來耕種，而這些耕地不得輕易變更為其他用途。

市民農場的制度與立法，幫助英人度過一次世界大戰德軍封鎖缺糧的危機。二次世界大戰期間，市民農場的功能更是發揮到極致，著名的口號「為勝利掘土」（Dig for Victory），引導並鼓舞民眾，在戰爭期間，到市民農場耕種，藉以自給自足，共度難關。

有機農業也是英國人開始推行的。1935 年，有機農業教父亞伯特‧霍華爵士（Sir Albert Howard）在《農業聖典》（*An Agricultural Testament*）一書中，呼籲人們關注土壤健康，摒棄化肥和農藥的使用，採用天然堆肥和有機耕作法。

英國也是第一個實施有機認證的國家。成立於 1946 年的土壤協會（Soil Association），致力推動有機農作，於 1967 年建立世界上第一套有機認證系統。協會創辦人之一伊芙‧貝爾福（Eve Balfour），也被尊稱為英國有機教母。目前英國有 80% 以上有機產品，上頭都有土壤協會的有機認證。

當代有機農業的領頭人物，還有查爾斯王子，被稱為「永續農業運動當之無愧的全球領袖」。

自 1986 年開始，查爾斯王子就將自己的「公爵之家農場」
（Duchy Home Farm）逐漸改成有機種植，不使用化肥、農藥和
除草劑，耗費大量人力，而產量卻遠低於普通農場。《獨立報》
（*The Independent*）還曾嘲笑他的有機耕作方法，會讓世界上的
20 億人都餓肚子。

然而，「公爵之家農場」的經營逐漸好轉，並在 1990 年推出「公
爵原味」（Duchy Originals）品牌，產品包括有機燕麥餅乾、果
醬、紅酒、巧克力、洗髮精和肉類，家禽和魚類等。如今，「公爵
原味」已經是英國優質有機產品的領導品牌，自 1999 年開始將盈
餘捐給慈善基金會，至今已捐出超過 1 千萬英鎊。

2006 年，查爾斯王子出版了一本《公爵原味食譜》（*Duchy
Originals Cookbook*），揭開英國皇家的私房菜及王室成員的膳食
喜好。全書分為春夏秋冬四章，每一章的食材除了肉類，都是當令
有機蔬果，包括國王雞翅、回鍋王冠、女王燒烤和卡蜜拉通心粉
等。有人開玩笑説，這是英國王子向英國名廚挑戰所下的戰書。

© 達志影像

51 健康校園午餐，禁絕垃圾食物

曾有報導指出，英國人吃掉全歐洲炸薯條銷售總量的 51%。連查爾斯王子都坦言，過去兩代的英國人似乎已經不再把吃飯當成一種享受，吃飯似乎就是大工業的一部分，是人體在補充燃料而已。

不過，進入 21 世紀，英國人終於開始有了覺醒。不僅首開世界之先河，宣布禁止在電視播放針對兒童的垃圾食品廣告，還成立「校園飲食信託基金會」（School Food Trust），創新訂出「食物標準」（Food-Based Standards），以紅、橙、綠三種顏色標示食物：綠色代表必須提供的食物或食物類別；橘色代表此類食物須限制供應量或供應頻率；紅色代表禁止提供。

堪稱全英國甚至全球最知名主廚之一的奧利佛，則把英國校園午餐帶入有機新境界。強調健康、倫理、當地、有機的奧利佛，為了讓充斥著漢堡、薯條、炸雞的中小學改變飲食結構，正經八百地拜訪倫敦首相府唐寧街 10 號。他設計出一套健康取向的創意新菜單，以新鮮蔬菜，力抗小學午餐的人工調味焗通心粉，並親自走訪全英各地學校，希望說服校方及廚師配合實行。

目前英國已有超過 60 所學校採用他的菜單，讓校園營養午餐起了革命性的改變。

52 有機國宴菜，菜園裡的家庭派對

2009 年，英國主辦 G20 高峰會。有別於 8 年前日本舉辦的 G20 高峰會，餐桌上捧出包括松露湯、螃蟹、魚子醬、乳羔羊、海膽、燻鮭魚、金槍魚等 18 道豐盛且高膽固醇的佳餚，地主國英國的國宴菜單除了羊肩肉、烤雞拼盤之外，都是有機鮮蔬。

負責這次國宴的是名廚奧利佛，翻開國宴菜單，列出的是蘇格蘭鮭魚沙拉（Scottish salmon salad）、慢烤威爾斯羊肩肉（Slow-roast shoulder of Welsh lamb）以及總理級貝克維爾塔（FIT-FOR-A-PM Bakewell tart）。媒體形容，「好像要把 G20 高峰會變成一個自家菜園裡的家庭派對。」

然而，奧利佛卻成功征服各國領袖的味蕾。之後，他再用一本新書：《奧利佛大英食典》（*Jamie's Great Britain: Over 130 Reasons to Love Our Food*），以 400 多頁印刷精美的食譜，細緻深入介紹了從早餐、沙拉到下午茶，包含野味、海鮮、蔬菜等以不同主題烹飪的英式菜餚，孜孜不倦地證明「英國菜也好吃」。

無論如何，經過 2009 高峰會一役，21 世紀英國以有機綠飲食美味領導世界的角色，已經沒有疑義了。

文 / 陳雅玲

一股貴婦風尚

英式下午茶風靡全球，到一個優雅的場地，與三五好友分享一壺英式紅茶配三層點心，成為一般人最容易達成的貴族享受。

53 英式下午茶
貴婦晚餐前的優雅聚會

英式下午茶成為風尚，是維多利亞時代英國貝德芙（Bedford）公爵夫人的一時興起。她在下午 4 點左右讓女傭準備一壺紅茶與精緻點心，邀幾位好友一起享受，聊聊時尚和八卦。這個讓貴婦在晚餐前不要饑腸轆轆的午後優雅聚會，立刻在上流社會流行起來。

如今，從英國女王到女神卡卡（Lady Gaga），都熱愛英式下午茶；下午茶更是國際社交禮儀，不論是英國女王或美國總統接待賓客，都是招待下午茶。

然而，英國是一個不產茶的國度。維多利亞時代，茶是奢侈品，被裝在像珠寶盒一樣的玳瑁或銀製茶箱裏。客人抵達，僕人小心捧出茶箱，女主人才用鑰匙開箱取茶。1661 年遠嫁英國查理二世（Charles II）的葡萄牙公主凱薩琳（Catherine of Braganza），她的嫁妝當中，就有自己要喝的東方神祕之藥——茶，以及瓷器茶具。

既是奢侈品，高額課稅是免不了的。18 世紀後半，連殖民到新大陸的人也逃不了英國政府的茶稅，加上其他政治經濟的壓迫，終於迫使美洲人民將滿滿三艘船的茶葉倒入波士頓港（Boston Harbor），發動美國獨立戰爭（American War of Independence）。另一方面，英國支付茶葉的白銀，已經多到動搖國本的地步。為解決與中國的貿易赤字，英國想出的辦法，就是輸出鴉片，最後引發中英鴉片戰爭。

為了更進一步掌握紅茶來源，英國人開始在印度等殖民地嘗試種茶。不知經過多少失敗，中國茶樹苗終於在印度大吉嶺活了下來。同時，印度阿薩姆地區也發現野生茶樹，大量栽培後，下午茶終於走入尋常百姓家，開始盛行於飯店和百貨公司之間。

文／陳雅玲

優雅午茶三祕訣

一場典型的英式下午茶,充滿美感又不至於過度隆重嚴肅,可以讓賓主盡歡,是非常好的聚會方式。如何籌備成功的下午茶,有3大重點不可不知。

54 餐桌擺設
正統英式下午茶的第一步

英國的下午茶源自貴族血統,一直帶著相當程度的炫耀性和儀式性:以家中最好的廳室及最好的瓷器接待客人。

因此,英式下午茶對於茶桌的擺飾非常講究:必備瓷杯組、茶匙(與杯子成45度角擺放)、茶刀(塗奶油及果醬用)、7人點心碟、叉子、餐巾(綁上緞帶)、糖罐、奶盅,以及三層點心盤。此外,還有鮮花、蠟燭,在客人抵達前,就要精心布置在鋪了刺繡或蕾絲花邊桌巾的圓桌上。在客人坐定之後,茶壺才沖上滾燙的熱水,拿到餐桌。

在維多利亞時代,赴午茶之約的男士著燕尾服,女士穿白天的洋裝,一定要戴帽子。餐桌上,通常是由女主人著正式服裝親自為客人服務。到了現代社會,下午茶已經沒有了那麼多繁瑣的禮節,也逐漸成為現代人休閒交流的生活方式。

55 大吉嶺紅茶
首選晶瑩透亮的初摘茶

正統英式下午茶，所使用的茶就以「紅茶中的香檳」大吉嶺紅茶為首選，其次是加了佛手柑香氣的伯爵茶、火藥綠茶、中國祁門紅茶、錫蘭高地紅茶等。

最好的大吉嶺茶是「初摘茶」。大吉嶺山脈冬天被冰雪封住，春天，茶的嫩芽尖冒出雪堆的第 1 天，印度茶葉局就公告為初摘茶的首日。只有從這天開始的 21 天內，所摘的茶才叫初摘茶。大吉嶺茶以特有的麝香葡萄味聞名於世，茶湯由金黃逐漸變成金紅色，晶瑩清澈非常透亮。

現在琳琅滿目的各種加料茶（blend tea），其實一開始是不得不然。以前運送茶到西方，主要是靠駱駝走絲路到中東，再從中東到歐洲。中國人都是喝綠茶，為了運輸方便，才壓製成茶磚。大約半年的路途，沙漠的風沙和駱駝的汗水，把半發酵的綠茶，變成全發酵的紅茶。到了大馬士革，泡的第一壺茶全是黑的。但是茶那麼貴，不好喝也捨不得丟，英國人就開始加牛奶、薄荷、八角等香料，壓抑那股發酵的怪味。

後來運到英國的茶，改用帆船海運，但是一樣要經過半年的航程，有時浪打到裝茶的船艙，茶葉難免變質、損壞，不肖茶商便將變質茶和上等茶混在一起銷售。這就是後來各種混合紅茶的濫觴。但是對最正統的英國下午茶而言，這些混合紅茶都無法符合標準，因為不算是純正的茶。

泡英國茶也有講究，英國皇家化學學會曾以科學方法研究，發表「一杯完美紅茶的沖泡法」。要點包括：先溫熱瓷茶壺 1 分鐘，熱水倒掉，將適量的茶葉（1 杯茶約 1 匙）放入，同時將新鮮的軟水煮開，立刻一口氣沖下，燜泡 3 分鐘再倒入茶杯中（杯中要先加鮮奶再加茶，蛋白質較不易熱變化產生硫磺味），再依個人喜好加糖，適飲溫度為 60 至 65℃。

司康是標準英式茶點

56 紅茶配點心
從鹹吃到甜

喝英國下午茶要吃茶點，正如同喝日本茶配羊羹，喝中國茶配瓜子、梅子。

正統的英式下午茶又稱 high tea，搭配的茶點十分豐盛華麗，是高高的三層點心盤：最下層放三明治，中間層放司康（scone）和濃縮奶油（clotted cream），蛋糕、布丁、草莓塔則在最上層。三明治以白麵包切邊，佐以燻鮭魚、火腿、乳酪和小黃瓜。口味貴在清爽，不尚濃重，這是因為茶點是配角，不能喧賓奪主。

三層點心盤正確的吃法是從鹹吃到甜，由下往上吃。吃到第二層，就不會再回去拿第一層的，否則會被視為不懂禮儀。

另一種簡易版下午茶 cream tea 比較簡單，價格也較平易近人，在許多鄉間小鎮或者觀光景點都有供應。搭配的茶點只有司康和濃縮奶油。

司康是用麵粉、牛奶、蘇打粉、奶油和少量的糖所烘焙的英國點心。傳統吃法要配上濃縮奶油和草莓果醬。濃縮奶油源自於英國西南部的德文郡（Devon）。司康的吃法是先塗果醬、再塗奶油，吃完一口、再塗下一口。

正統英式下午茶的規矩還不少，不過英國人都認為，一個成功的下午茶，第一，要約最好的朋友；第二，要有最好的話題，第三，才是最好的茶。所以跟什麼人喝茶，比喝什麼茶、吃什麼更重要。

文 / 陳雅玲

一大知名烈酒

關於威士忌這件事，年份新舊不重要，價錢高低不重要，風格及特
色才是王道。

57 生命之水威士忌
蘇格蘭的獨特泥炭味

蘇格蘭艾雷島（Islay），是威士忌老饕朝聖的地方，艾雷島地質特別，所釀造出來的威士忌有濃濃的泥炭煙燻味，因此揚名國際。村上春樹在《如果我們的語言是威士忌》一書中這樣描述：「艾雷島上雖然只有八家酒廠，但散發出來的光芒令人側目。」

品味威士忌該從何入門？威士忌達人學院首席顧問林一峰認為，最簡單的方法是：「多喝！」不同地質、不同氣候，及不同地區人民的性格特色，都會造就出不同的威士忌口感氣味，因此多喝、多比較，找出每支酒帶給你的感動，才是真正品味威士忌的好方法。

英國雲頂（Springbank）是全蘇格蘭僅存一家 100% 手工製作的威士忌酒廠。古法製作威士忌時，大麥發芽的過程相當耗費人力，須在地板上進行烘乾，也因此不容易控制品質，所以現在酒廠都統一購買已經發芽完成的大麥。英國雲頂頂級單一麥芽蘇格蘭威士忌正因純手工製造，容易產生無法控制的有趣味道，被很多老饕笑稱喝起來有麥餿味，具體來說是帶有硫磺味。不過，誰說美麗的事物一定是完美的，這不正是威士忌迷人的地方嗎？

林一峰也認為，品嘗威士忌有助於提升品味，並全面開發五感，懂得喝威士忌的人，對環境與氣味的感受也會特別敏感。至於威士忌該純喝？加水？或者加冰塊？該用什麼杯子？該含在口中感受味道後再吞下？或者一口入喉感受香氣？這些都不重要，靜下心來，隨興、用心體會聞到、喝到的感受，讓五感隨之覺醒，那麼，藏在生命中很多美好的記憶，就會透過品酒的過程被喚醒，慢慢地，你將會找到屬於自己性格的那一支威士忌。

文 / 羅德禎

郭政彰 攝

居家 Home

最好的英式住家所要創造的不是奢華，
而是溫馨，是讓最嚴肅的人也可以盡情
放鬆的所在。

四大居家精神

英國真正的居家精神，在鄉村式的居住情懷和生活態度：舒適、恢意，而且要傳統、懷舊。英國人在 21 世紀依然極力呵護這個價值，這何嘗不是一種對現代都會生活的叛逆。

◎達志影像

58 Cozy
溫馨親密的家居氛圍

走進英式屋子，可以用一個字來形容：cozy。指的是溫馨、舒適、親密感。

英國人是禮節很多的民族：說話要謹守分寸；衣服上的徽章、裝飾，放左或右邊、高點或低點，都代表著不同的禮節和意義；在公共交通工具上眼神對望，不管認識不認識一定要保持禮貌微笑……很拘謹、很辛苦。所以回到家裡，他們追求的是完全的舒適、愜意、放鬆。

久居英國村落長達 7 年的作家李蕙蓁說，英式居家風所追求的cozy，包括四大元素：低矮的天花板、溫暖以致昏暗到看不清楚字的燈光、麻煩得要命但一定要的地毯，以及多到不知道該怎麼辦才好的各式抱枕。

在歐陸，挑高到奢侈的天花板，幾乎是好宅的基本配備；在英國，卻不是這樣。由於天氣寒冷多雨，室內維持足夠的溫度是很重要的。天花板太有距離感，反而會使人感到空曠，視覺上沒有安全感，身體也無法感受到溫暖。英國人喜歡屋頂低低矮矮，能將自己包覆起來的房子，才有親密感。就現實面來說，暖氣相對昂貴，真的也是低矮屋頂的包覆，才能更有效率讓人暖和起來。

同樣的道理，明亮的現代燈具，或令人目炫神迷的水晶吊燈，也都不是英國人的調調。令房內溫暖、舒適的燈光，一定是昏黃、幽暗，最好燈泡還發熱。以他們的標準來說，書拿在手上，字快要看不清楚的亮度，那就對了。

再來就是一定要有地毯，還有數量絕對超過必要的抱枕，隨意擺在沙發上。雖然很難清理，但只要能帶來舒適感的物件，不管多麻煩，英國人都很喜愛。讓人一坐下去完全陷入溫暖的抱枕堆中，那就是他們覺得最舒適的姿勢。

59 古老傳統
令人安心如老母親的家

英國擁有最現代、最前衛的建築技術，但陳舊的傳統建築，仍然是最貴的標的物。房屋和家具的樣式，越古老越好。李蕙蓁說，英國人打心底認為，好的房子，最好是新蓋下去就像已經經歷了百年那樣，「要傳統、很懷舊，像令人安心的老母親的家，這就是他們居家的主軸。」

家具的機能可以很先進，例如恆溫、光滑好洗又可以輕鬆拿取，但外表還是要仿得像古老的鑄鐵般，大家才會買。英國名牌廚具的烤箱和瓦斯爐，還沿用以前燒炭時代的造型，有一個栓子扣上，手工鑄鐵，上面一層琺瑯質，典型鄉村風格。玻璃即使已經能充分擋風、隔音，但還是要塑造成過去雙層玻璃的形式，才會受到喜愛。

李蕙蓁說，為了更新家的面貌，英國人會去跳蚤市場，拿自己的舊物，換「新的」舊物回來。英國人搜尋的，是真正的生活用品，鍋碗瓢盆；和法國人會感興趣的裝飾品、畫作和不同時期的美好遺作，方向不同。

可以想像，這些擺設都很惹灰塵，也需要不斷整理更換。但李蕙蓁說，對英國人來說，因為整理回顧而得到對家的滿足感，已經遠遠超越麻煩度。

©達志影像

60 植栽
綠意妝點不可或缺

追求放鬆生活中，植栽是最不可或缺的要素。李蕙蓁說，在這個都市，人人都是園藝家。什麼樣的樹種植幾年後樹冠會有多大，會呈現什麼形狀，應該搭配什麼樣的草地、草花，整體庭院的線條又會慢慢形成什麼樣貌……這些，倫敦人都懂。

倫敦被稱為「London Town」，整個居住環境，即使達到世界性大都會的功能，仍然散發濃濃的村落味道。越是繁忙的市中心，綠地越多。從飛機上看下去，公園遍布，一片綠油油。裡面的植栽，有著柔軟有機的天然植物曲線，無邊無際的遼闊感。草密密覆蓋著每一分土壤，不露出任何縫隙，除了最基本的欄杆扶手，都不要人造物。在倫敦市中心，一進到公園，就像置身無人踩踏過的曠野中。

許多人居家室內空間小小的，卻有大得離譜的花園。房舍只要夠用就好，庭院卻要越充足越好。有前院、有後院，要有蒐集珍奇玫瑰品種的園地，還要有展現球莖植物的區域……建築物最後都縮到僅有最基本的要求，少於三分之一土地面積，是常見的比例。就算是高樓、公寓住戶，仍會想盡辦法找塊附近的地，擁有共有後院，或是私人花園。對他們來說，沒有這片喘息的綠地，就生活不下去。

©達志影像

61 小花小草
典型英式細碎紋樣

繁複、裝飾性高的宗教元素，不管在英國古典建築、教堂，乃至於一般人住宅內，都很少見。因為亨利八世（Henry VIII）與羅馬教廷決裂、成立英國國教，因此天主教在英倫的影響力並不大。玫瑰花窗和壁畫，不是沒有，但是和歐陸相較之下少得多。

那麼，典型英國的紋樣與風格，到底是什麼呢？李蕙蓁認為，簡單說，就是小花小草。一舉奠定英式細碎、粉彩花草紋樣風格，最重要的人物，當然就是威廉‧莫里斯。他嚮往、推崇古典傳統中柔軟繁複的植物線條。

英國特有的綿綿細雨，不會太大、也不會太小，就像水霧一樣，在這種氣候下得天獨厚的，就是草花。綿延不絕的草地，細長的草葉，再怎麼躺都不會塌、不會禿；四季不同的小草花，粉藍、粉紫、粉紅、粉黃。從知名家飾品牌：瑰珀翠（Crabtree & Evelyn）、凱茜琦絲敦（Cath Kidston）可以看到，溫和的粉彩、細碎不斷重複出現的花朵，正是典型英倫紋樣。

文／盧怡安

一大室內設計主流

英式鄉村風，位居全世界四大室內設計主流，地位不凡。西方文學大師亨利·詹姆斯（Henry James）曾說：「英國人發明的偉大事物中，最完美、最富有特色，而且完全體現其文化精髓的，就是設備完善、裝飾優雅的鄉村住宅。」

© böhringer friedrich
/Wikimedia Commons

62 英國鄉村風
世代相傳的優雅精髓

中國文學大師林語堂在《八十自述》中，有一段幽默的名言：「世界大同的理想生活，就是住英國鄉村的房子，用美國的水電煤氣設備，有個中國廚子，娶個日本太太，再有個法國情人。」

17 世紀末期以降，歷經喬治王朝（Georgian era）、維多利亞時期以及 19 世紀下半葉的美術工藝運動（Arts & Crafts Movement），英國的花園與室內布置，成為一種世代相傳的藝術。

英國鄉村風格，尤其是 17、18 世紀喬治王朝風格的莊園，更是國際巨星的最愛。瑪丹娜（Madonna）、史汀（Sting）、米高‧福克斯（Michael J Fox）等人都擁有獨棟的英式鄉村別墅。2005 年 8 月的《時尚》（Vogue）雜誌上，瑪丹娜身著奶黃色碎花裙，在占地 1 千英畝的英格蘭莊園裡優雅餵雞。

喬治亞式（Georgian）室內風格，魅力所以能盛行不衰，主要是代表一個將家居生活的優雅與舒適，結合得空前成功的時代，許多人甚至認為這項成功是室內裝飾史之最。

© 達志影像

從歷史來看，18 世紀的法國是一個都市社會，只有遭到貶斥或無力負擔巴黎生活開銷的貴族才會住鄉間。但同時期的英國喬治王朝，貴族更有權勢，也更獨立。他們的領地在鄉村，也不以住在鄉間為鄙俗。獨特的英國莊園就這樣應運而生。

對自然的熱愛，造成英國對歐洲文化的第一項原創貢獻：浪漫運動（The Romantic Movement）。英國人將桌椅拖到客廳中央，圍著壁爐而坐；地上鋪起厚厚的地毯，房間既溫暖也安靜；泛著自然光華的桃花心木或胡桃木家具，外形質樸素雅，沒有過多雕飾；沙發包覆著手工布面，還有以刺繡布料縫製，塞得鼓鼓的坐墊靠枕，讓人得到最大的放鬆與舒適感。

充滿花鳥蟲魚等自然元素，令人舒適的鄉村風格（有時也稱為田園風格），體現了英倫的古典與人文氣息。也難怪英國的貴族和文學家，都最愛住在鄉村。

英國人坐在這麼精心經營溫馨感的家裡，最喜歡做的事情是閱讀。英國人喜歡系統性知識，從 BBC 的節目就可以知道。介紹花園，他們可以從南到北把花園的所有知識、背景羅列出來，鉅細靡遺地解釋。例如單單介紹倫敦皇家植物園（Royal Botanic Gardens, Kew），可以從其蒐集的物種，談到影響世界經濟的橡膠、蔗糖，當時海權文化的環境、各國經濟狀況與角力等，看完就像走了世界一圈。這樣的節目反映了英國人的生活文化，對他們來說，家裡弄得溫馨就可以了，有知識，才有品味。

文 / 陳雅玲、盧怡安

鄉村風三重點

英式鄉村風善用家具、色彩、裝飾品等元素，而最高境界，是看起來像使用多年的「生活感」，堪稱英國設計史上一門顯學。

破舊風格家具

63 家具，精工硬木貴族氣

英式家具線條優雅大氣，雕刻畫龍點睛，整體風格介於北歐極簡與法式繁麗兩個極端之間。嚴格來說，傳統的英國莊園家具看起來不那麼鄉村，因為受到歐陸文藝復興（Renaissance）風格的影響，雍容剛毅的貴族氣較重。通常採用上等硬木：適於雕刻的桃花心木、適於拼花工藝的櫻桃木，以及承重力強的核桃楸木來精工細作，再以砸蟲眼等仿古手法處理，顯得更有歷史感。

英國鄉村風格的最高境界，是看起來有使用多年的「生活感」，比如：剛剛添加了一塊燒旺的柴火的壁爐，和快要塞爆的原木書櫃，還有冷熱分離的老式水龍頭。

村舍鄉村風格發展到後來，出現一個新的分支——別致的破舊風格（shabby chic），特色是在原本的元素之外，還有著歲月磨損的痕跡。例如褪色的布料、老畫，以及以白色調為主、油漆斑駁的老家具等等。讓屋子在優雅舒適之外，更有一種懷舊的魅力。

◎達志影像

64 色彩，濃重秋色花鳥紋

因為天氣比歐陸寒冷許多，英倫土地呈現灰撲撲的基調，古典的房舍、城堡，也就遵循著這樣的邏輯：棕灰色的石材外牆占絕大多數，磚紅色已經是最鮮豔的了，越是貴族的城堡，越是低調。屬於歐陸風格的大量金、銀色裝飾，不容易在這裡看到。

受到天氣影響，英式鄉村風的壁紙紋樣，和同屬鄉村風格的法式普羅旺斯（Proovence），或義式托斯卡尼（Toscana），有很大差異。陽光充足的普羅旺斯，光影豐富，紋樣充滿立體造型、鮮豔色彩，不是橙黃就是寶藍。溫暖的托斯卡尼也是，大塊耀眼的色彩是主軸。

完美的英國鄉村風格，則像是秋季的調色盤。地板棕色或紅色，壁紙使用花卉圖案。這些圖案也用於窗簾、靠墊、桌布。越是色彩濃重的花卉、鳥類圖案或條紋，越能展現英國味道。

©達志影像

65 裝飾品，豐富堆疊舒適感

要創造英式鄉村風，屋內的裝飾品很值得投資。壁紙、抱枕、大披毯、地毯、相框、鮮花、瓷器……永遠不嫌多。桌子、櫃子和梳粧台展示所有的蒐藏品；厚絨布的窗簾取代百葉窗，舒適感是表現關鍵。因為英國冬天溼冷，蘇格蘭高地的方格呢絨和條紋裝飾的法蘭絨，也能為寒冷的冬天捎來暖意。

至於華麗裝飾、玫瑰花窗、壁畫等歐陸常見的天主教式繁複元素，英國人說，令人喘不過氣來，不要！

此外，每過一季，英國人窗台上的擺飾一定不一樣。不用昂貴的雕塑品，或是華麗貴重的擺設，即使收入不太好的人，也不會忽略窗台擺設的豐富度。要體會不同人家所經營的氣氛，看窗台就對了。

近年全球室內設計的風尚，已經從極簡主義轉向鄉村風格。主要原因，一方面是環保風潮興起，原木家具再度流行；另一方面，2008 年金融海嘯之後，人們需要更能撫慰人心的家，而充滿花鳥蟲魚等自然元素，更舒適自然的鄉村風格，再度成為主流。

文／陳雅玲

一股園藝風潮

美國文學之父華盛頓·歐文（Washington Irving）在其著作《英倫見聞錄》（*The Sketch Book*）中說：「英國人的園藝情趣，無與倫比，猶如玩耍魔法，將其呈現於鄉宅四周。」

©達志影像

66 英式花園
源自對自然的信仰

英國人素以「歐洲園丁」自居，王太后（Queen Elizabeth, The Queen Mother）生前就喜歡在皇宮花園裏修修剪剪，經常紆尊降貴在地上除草鬆土。她說過一句名言：「如果你身上沒有沾滿泥土，就不能說自己是個園丁。」她的孫子英國王儲查爾斯也熱愛園藝，曾有媒體報導，他對著自己種的植物說話。

英國人認為田園生活是工業革命的回歸，「自然」成為一種普遍信仰，而花園就是人和自然相遇之地，也是人類返回純真狀態和黃金時代的必經之路。

曾在英國求學 7 年的《不列顛文件》作者謝統勝說：「園藝在英國是全民運動，是國粹。」他們重視景觀視野，珍惜地貌風景，房子最好能融入，色調被吃進去最好。英式花園看起來很隨興自然，精髓卻很難掌握：邊界是柔和模糊的，甚至察覺不到。

例如英式花園的花境（flower border），是模擬自然界中，森林邊緣各種野生花卉交錯生長的狀態。以鳶尾、飛燕草、牡丹、繡球等宿根、球根花卉和花灌木為主，按照色彩、高度、花期搭配在一起成群種植，形成寬窄不一，四季開花的自然式花帶。

曾被英國景觀大師參考學習的中式園林，也是以再現自然為基本原則，曲徑通幽，虛實相疊。但是中國園林是抽象的自然，疊石為山；英國花園卻是實質的自然，那些植物看起來本來就該在那裡。

文 / 盧怡安

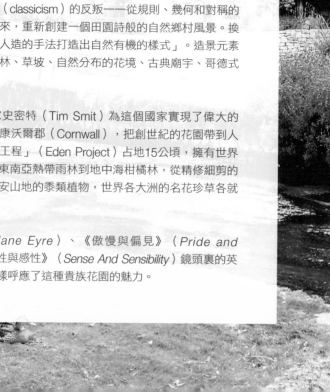

英式花園兩大主流

英國鄉村美麗非凡，無論是大莊園還是小村舍，家家戶戶都有美麗花園。花園風格跟英國人個性有關，比較迂迴含蓄，不那麼直白。

67 貴族莊園，想像無邊的風景

貴族莊園（English gardens），那是一種風景花園，源於英國並流行到歐洲。英國的貴族是住在鄉下大莊園裡的，18 世紀就有景觀設計師，專事規畫花園，而且地位非常崇高。美國作家愛倫坡（Edgar Allan Poe）曾說，英國的貴族莊園，是「收納下發明、想像和無窮形式的新奇美，……大地所能給予的無邊優越和輝煌。」

莊園是對古典主義（classicism）的反叛——從規則、幾何和對稱的繁複嚴謹中解放出來，重新創建一個田園詩般的自然鄉村風景。換句話說，就是「以人造的手法打造出自然有機的樣式」。造景元素通常包括湖泊、樹林、草坡、自然分布的花境、古典廟宇、哥德式廢墟等。

英國有一位音樂家史密特（Tim Smit）為這個國家實現了偉大的夢想，在英格蘭的康沃爾郡（Cornwall），把創世紀的花園帶到人間。這個「伊甸園工程」（Eden Project）占地15公頃，擁有世界上最大的溫室，從東南亞熱帶雨林到地中海柑橘林，從精修細剪的英格蘭花草到印第安山地的柔類植物，世界各大洲的名花珍草各就其位，各從其類。

電影《簡愛》（Jane Eyre）、《傲慢與偏見》（Pride and Prejudice）、《理性與感性》（Sense And Sensibility）鏡頭裏的英國鄉村風景畫，同樣呼應了這種貴族花園的魅力。

68 村舍花園，小巧簡樸的詩意

只有在廣袤的土地上，景觀設計師才能創造出自然從容的畫境，散發出恢宏的貴族氣息；至於平民精神——對於質樸生活的嚮往之情，則顯現在小巧的村舍花園（cottage garden）裡。

因為面積狹小，村舍花園最大的特點就是充分使用每一寸土地，布置著錯落有致的植物群落：在屋頂、牆面、窗框、棚架和圍籬上，種植的玫瑰、常春藤、忍冬、鐵線蓮攀緣性植物，小徑的邊緣和間隙鋪滿百里香、耬鬥菜、紫羅蘭等野花。這些景象賦予村舍花園一種簡樸的詩意。

傳統的村舍花園往往不是開放式的，你可能只會看到一扇爬滿玫瑰的門。花園中也會種上一些香草植物，薄荷、迷迭香、九層塔、月桂、茴香等等，用來醫療、烹飪、染色。

在這小巧的村舍花園中，還誕生了影響全世界的「偶像」：一隻穿著藍色夾克和棕色鞋子的小兔子。英國女性作家暨插畫家波特小姐在 1902 年出版了童書《彼得兔的故事》（*The Tale of Peter Rabbit*），童書中將風光如畫的美好田園生活與英式花園帶入全世界的家庭中。自從這隻小兔子首度登台亮相，在麥先生的花園裡狼狽逃竄、丟掉藍上衣，它和它的夥伴們，便以神奇的魔力，吸引數以千萬計的孩子和大人。它被譯成 35 種文字，暢銷 1 百多個國家，還多次拍成電影與電視劇。

文／盧怡安

兩座必賞花園

英國堪稱為「花癡之國」，上自王太后、下至平民百姓，都對園藝情有獨鍾。難怪歐陸最美的花園，都要強調它們是「英式花園」。

69 倫敦皇家植物園
讓人迷路的世界花園

被聯合國列為世界文化遺產的倫敦皇家植物園，歷史可追溯到1759年，那時威爾斯親王的遺孀派人在所住莊園中建立了一座占地3.5公頃的植物園，內建有26個專業花園，包括：水生花園、樹木園、杜鵑谷、玫瑰園、日本園等。還有標本館、經濟植物博物館，專門各種研究及實驗。逛這麼一個寬廣的公園，迷路，是最高享受的境界。

Info:
倫敦皇家植物園（Royal Botanic Gardens, Kew）
地址：Royal Botanic Gardens, Kew, Richmond, London,
        Surrey TW9 3AB
電話：+44 20 8332 5655

© Extraordinary at en.wikipedia

70 錫恩府花園
玻璃大溫室最吸睛

錫恩府花園（Syon Park）最著名的是於 1820 年興建的大溫室。園內的圓形玻璃溫室，栽培各類蕨類植物，藤蔓和花卉。花園近市中心，其獨特農村景觀，吸引不少倫敦市民假日前往。

若是想還想找更多經典的英式花園，每年 2 月出版《為慈善開放的英格蘭和威爾斯花園》（*Gardens of England and Wales Open For Charity*）黃皮書（The Yellow Book），是最好的參考資料。

文 / 陳雅玲、盧怡安

Info.
錫恩府花園（Syon Park）
地址：Hilton London Syon Park, Park Rd, Brentford,
　　　Middlesex TW8 8JF
電話：+44-20-7870-7777

踏進一間鄉村小屋

真正英國人的家，到底什麼樣子？倫敦大學建築系教授希爾
（Jonathon Hill）敞開大門，讓我們一睹道地英國人最在乎、最嚮
往的居家細節，就在住家的後院裡。

71 做客英國人的家
滿園綠意的自然情懷

傳統的、遠離城市的鄉間小屋，是倫敦人生活中很重要的成分。

市中心的家可以是為了工作而存在的空間，但倫敦人不能缺少一處
溫馨的、舒適的鄉間小屋，讓朋友和家人週末可以花較長的時間，
輕鬆自然相聚在一起。所以，鄉間的屋子不是別墅，而是比市區中
的家，更像家的地方。

倫敦建築界是世界的前衛戰士，大跨距鋼骨建築無人能出其右，精
準、現代，具有氣勢。但在倫敦大學建築系教授希爾心目中，和多
數英國人一樣，過自己的生活時，鍾愛著的仍是那古老房舍五又二
分之一時的非標準尺度、過窄的門、不按邏輯規畫的房屋格式。因
為那樣最溫馨自在。

不過，英國人最想讓你看到的，房舍不是重點，花園，才是。

希爾的後花園，是一座長達 1 百公尺的祕密花園。沒有人工修剪
整齊的花木排列，巨大松樹的掩映下，茂盛的藤蘿與糾纏的矮樹經
營出一種久無人跡的氣氛，一叢叢帶灰的紫薊，頂著毛茸茸的球
狀花朵，結了果的蘋果、梨和桃樹，在灰綠色的草皮邊緣，帶來淺
粉、淺黃和棕紅的溫和色彩。樹形飽滿的胡桃樹之間，在空曠草皮
的遠方，讓出一條隱約的路。得先拐過一叢茂密如牆的喬木區，才
看得見紅磚與玻璃主屋。

希爾滿足地說,在這裡度過最棒的時刻,就是一大早起床,人還躺著剛睜開眼,由左到右、由右到左,滿眼窗外的植物花草。他從不裝窗簾,因為沒有任何一刻,他願意拉上它。

尤其是窗前一畝最精心呵護的玫瑰花叢,紅黃桃粉,細枝嫩蕾,典雅細緻又充滿不同品種細節的變化。園子裡的草葉也都充滿綠的層次變化,不輸給花卉。

為什麼英國人對花園這麼癡迷?希爾說:「透過感受季節變換,才是通往了解自己內心的途徑。」他在屋內各面牆都裝上鏡子,「這使我不管站任何角度,都看得到外面的景色。」臨窗的圓桌上,攤著厚厚 5 百頁的植物目錄圖鑑,但有了這樣一座活生生的花園,誰還稀罕看什麼圖鑑?

想像中,鄉間寧靜的小屋是讓人放空的地方;對希爾來說,飽覽自然景色,放心與家人朋友相聚,讓這屋子更像是填滿能量的地方。

文 / 盧怡安

一大精緻工藝

英國瓷器取代了中國瓷器在全世界的發言權，尤其是精緻瓷器的發展史，就等於近代全世界的文化、產業與貿易的戰爭縮影。

72 英國骨瓷
定義精緻瓷器新品味

談到品味，最讓中國人扼腕的一件事，或許就是瓷器。因為，以中國（China）為名的瓷器，原本應該是由中國人持續領導，界定全世界對其之品味，卻在過去 2 百年失去這位子。

中國從 3 千年前就有瓷器，東漢已經有成熟的青瓷，宋朝出現全世界第一個上有釉料的無把手茶碗，潔白像蛋殼般細緻，帶有溫潤的光澤，更是瓷器時代來臨的標誌。

法藍瓷董事長陳立恆指出，在宋元明清這幾個朝代之間，以「景德鎮」為名號的中國瓷器，橫掃全世界市場，其全球化的程度不下21 世紀任何一個國際品牌。17 世紀末，當茶、咖啡與巧克力成為流行飲品，人們更加講究實用器皿的設計，不管是法國、維也納、英國都開始重視瓷器用具的設計與蒐藏。尤其當英國東印度公司（BEIC, British East India Company）船隊載送這些瓷器抵達歐洲，瓷器立刻成為空前時尚用品。當時歐洲商人到處刺探景德鎮祕密，卻不得其門而入，乾脆賣起山寨版的青花瓷。

然而，繼 1780 年德國煉金師波特格（Johann Frederick Bottger）研發出硬質瓷器配方，歐洲第一座硬質瓷器廠麥森（Meissen）建立後，瓷器製法透過工匠從德國慢慢傳到歐洲各國。包括義大利、丹麥、俄國等地，紛紛於 18 世紀建立窯場，瓷器這項來自中國的珍寶，也不再是祕而不宣的寶藏，一個瓷器新世界誕生於歐洲。

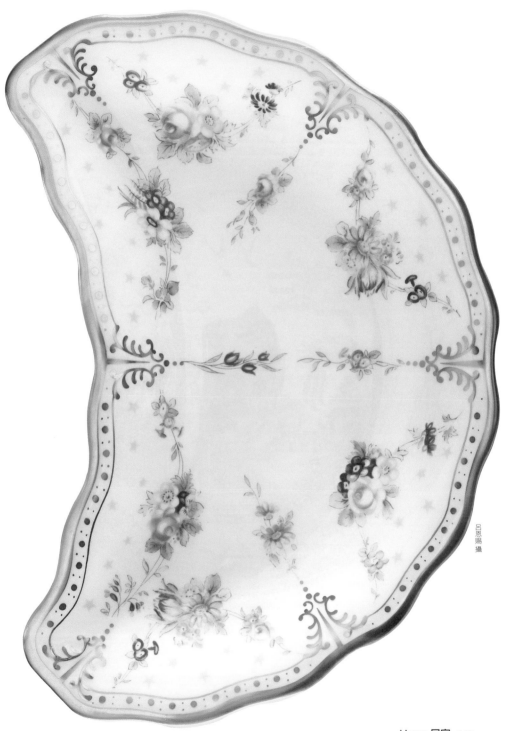

呂恩賜攝

Spode 之「楊柳」藍白瓷器,是英國取代
中國青花瓷成為高級瓷器的代表作。

不過，真正翻轉中國與西方瓷器地位的國家，則是英國。雖然英國發展瓷器的速度比歐陸國家稍慢，但 18 世紀末英國卻是首先發展出混合了骨粉的骨瓷（bone china），兼具保溫、高硬度與透光性，成為一大突破。1800 年英國斯波德（Spode）瓷器廠，在瓷土中混合了 40% 骨粉，創造出比硬質瓷器更高品質的精美骨瓷（fine bone china），可以做到極薄極透，光澤剔透，比白瓷更誘人，成為 19 世紀至今高級瓷器的代名詞。

接下來，英國陶匠約書亞・瑋緻活（Josiah Wedgwood），更擺脫中國風的影響，走出自己的陶瓷設計之路，把新古典主義（Neoclassicism）的裝飾風格，活用在瓷器設計上。瓷器廠的管理，則引進景德鎮的製瓷流程，導入當代最新技術，研發新的瓷土。同時他又得到英國政府支持，利用東印度公司的力量，打開全球通路，對外由英國皇家背書他的產品，對內英國政府則協助他開運河降低運輸成本，又大量降低從中國輸入瓷器的數量（英國史上重要的進口管制），鼓勵大家愛用國貨。

陳立恆表示，「瑋緻活先生可以說是開闢現代整合行銷之先河。」一個有大企圖的陶匠，跟野心勃勃的英國政府，就這麼翻轉了瓷器的歷史與商業，主導了全球高級瓷器的發言權與美學標準。

文 / 孫秀惠

瓷器鑑賞三要點

英國做為紅茶與骨瓷的代表國家，其最精彩的瓷器莫過於喝茶的瓷器。關於高級瓷器，有幾點重要鑑賞知識你一定要知道。

73 骨瓷質地，要輕要薄

衡量瓷器質地好壞的第一點，就是要輕要薄。瓷器的成形要通過在窯內經過高溫（約 1280℃－1400℃）燒製，瓷器表面的釉色會因不同溫度而發生化學變化。上釉的技術關係到瓷器的細緻程度，這是好壞判斷的更進一步關鍵。例如輕觸會感覺器皿十分滑順，使用過後，例如喝完茶不易殘留茶垢，用溫水稍微沖洗就乾淨，拿一個盤子置於燈光下看，可見其透光程度，光澤越接近珍珠色，就是越好的瓷器。

74 手繪或轉印，獨一無二的藝術性

高級瓷器最獨一無二的就是器皿上的磁繪師畫作。如何辨識呢？只要是手繪，每一只杯子即便花樣雷同，還是會有細微差異，沒有完全相同的作品，其獨特的價值也在此。此外，手繪師都會留下簽印（簽名或姓名縮寫），通常在杯底或者圖案較不明顯的地方。

不過，若是瓷器都只能手繪，那麼現在可能瓷器還是屬於貴族與富人的專利。1750 年英國人發明瓷器轉印的方法，能夠兼顧圖樣的細緻精準，又能以較低的成本大量生產瓷器，才讓瓷器進入一般人的生活。不過即便是轉印，也有銅板轉印與貼花轉印的差異。

銅板轉印花樣的線條形狀都是以精密的小型雕刻刀在銅板上刻印出來，再於銅板上塗釉色，之後經過十幾道手續才將花樣轉印到瓷器上。其成本與細緻度都比貼花轉印來得高，蒐藏價值也高。

皇家安東尼系列瓷器

呂恩賜 攝

75 時代感，19 世紀末最受歡迎

每一時代對於高級瓷器的品味，隨著當時的技術發展與風尚而有
不同，例如 19 世紀末的瓷器因為技術進步，加上融入華麗的巴洛
克（Baroque）與精緻的洛可可（Rococo）風，甚至受到印象派
（Impressionism）藝術講究光與色的影響，無論質地、花樣都非常
精美，也是蒐藏家非常喜愛的年代作品。

又如皇家皇冠德比（Royal Crown Derby）的皇家安東尼系列
（Royal Antoinette）。1770 年法國瑪麗皇后（Marie Antoinette）的
品味成為當時歐洲許多瓷器廠的靈感。有趣的是，瑪麗皇后對於碎
花裝飾的喜愛，卻是受到英國影響。

皇家安東尼系列高級瓷器以她命名，也融合了英國花色，並搭配金
彩的洛可可風格，盤底設計有白色浮雕，盤緣的輕巧波浪與杯底足
部的形式和鑲金，十足英式茶具風格。

文 / 孫秀惠

一項高級服務

古今中外，全世界文化品味常表現在物件或空間上，但在英國，管家成為一種文化品味，還輸出到世界各地，影響了近代高級旅館的管理。

鄧政彰攝

76 英國管家
紳士淑女的貼心左右手

管家（butler）的拉丁文字源 buticula，原本是指「瓶子」，後來延伸為「拿著瓶子提供服務的人」，在 2 千多年前的古羅馬時代，這個原本只是管酒的僕人，隨著經濟政治環境變化，在英國演變成為大小事務通包、貼身助理兼家事總管的職業，更在 20 世紀，由家庭走向頂級旅館。

17 世紀資本主義和工業革命帶動中產階級興起，越來越多有錢有閒的商人和官員請得起家僕，從打掃、洗衣、烹飪、帶小孩，到服侍主人上床就寢、選舉期間擔任樁腳。這樣的家僕要包辦主人交代的各種大小事項，管家也從中階奴僕，升級為主人左右手的親信。

到了 19 世紀，管家更成為有身分地位的家庭象徵，不只有錢，還是躋身文雅之士的必要條件。因為，這時管家已經升格負責雇請新人、指揮事務、統籌宴會安排、掌管家務開銷、採買酒和看管酒窖等重要任務，也是現代專業管家的濫觴。

英國做為這數百年管家文化的推手，王室意外扮演重要的決定性因素。因為，英國王室的存在，鞏固了社會階級，社會歷史學家海格曼（Barry Higman）就指出，家庭雇工的出現和社經地位不平等有很大的關係。特別是二次世界大戰時，王室做為英國人精神堡壘象徵，贏得戰爭之後，英國成為戰後歐洲，少數王室地位穩固、保留貴族傳統的國家。

「貴族仍享有封號，2012 年英國還盛大慶祝女王登基 60 年。」在英國和加拿大長大、旅館業界資歷逾 30 年的麗晶酒店集團營運資深副總裁范禮文（Peter Finamore）也認為，王室傳統，讓英國社會保有舊時階級，加上英國人一板一眼的性格，造就了今日英國管家拘謹、嚴肅的特殊性格。

文 / 葉代芝

高級管家三要件

真正高級的管家服務，會讓顧客受到真正家庭式管家無微不至的照顧；從顧客踏進飯店前的資料搜集、顧客抵達時包辦入住手續、協助整理行李，到協助購物、宴會安排，和最後親自打包行李送顧客離開。這種一對一的專屬服務，真正能完整展現英國管家功力。

77 紳士淑女為紳士淑女服務

「紳士淑女為紳士淑女服務」（Ladies and Gentlemen Serving Ladies and Gentlemen），這句麗思卡爾頓酒店（Ritz-Carlton）集團的座右銘，是英國管家的最佳寫照。晶華酒店大班經理鄭淑娟觀察：「相較於美國管家，説話像朋友，和客人的距離比較近，英國管家比較拘謹，保持一定距離。」美式作風，把雇主當朋友，然而對英國管家來説，雇主永遠是紳士淑女，開口一定不會直呼名字，而是永遠用姓氏加上尊稱。

這樣的拘謹作風，從管家的服裝也可以看得出來。標準的英國式管家必須身穿三件式、外套長度蓋過臀部的晨間西裝，打上領帶、在口袋放好折疊整齊的絲巾；美國管家，甚至可以穿 polo 衫和休閒褲上班。

英國管家的自我定位，也是介於朋友和僕人角色之間的「紳士」和「淑女」。要做好這份工作，最重要的是要擁有紳士和淑女的尊嚴和自信，有了這兩項特質，他們身上總是流露出一股威儀，也成為工作進退拿捏的一把尺，「知道什麼時候該問問題，才能達到客人心中想要的效果，而什麼時候該用觀察的。」鄭淑娟説。

78 要求細節
用數字或規範清楚定義

管家的訓練，是從細節開始。學習如何打蠟皮鞋至光可鑑人的程度，是基本功；從溫莎結（Windsor knot）到禮服領結（bow tie）各種不同場合的領帶打法，也都得要會。因為這些細節，就決定了管家的專業形象。英國管家對細節的要求，更到了凡事都要有可以量化的標準，像上茶的時候，規定茶杯的耳朵必須位在客人的 4 點鐘方向，「沒有達到就是錯，沒有灰色地帶，」范禮文説。

電影《長日將盡》（The Remains of the Day）裡，安東尼・霍普金斯（Anthony Hopkins）飾演的管家，檢查餐桌上水晶杯的擺盤位置，是要用尺丈量水晶杯到桌緣的距離。短短一個 3 分鐘畫面，道盡英國管家對細節和規範的執著。

79 用最少侵擾提供最大服務

拘謹的特質，加上對細節的執著，讓英國管家在追求主人極致的滿意度時，更重視對主人最少的侵擾。這一點，更影響到全球超過 70 家頂級旅館的管家訓練。「用最少侵擾提供最大服務」（Maximum service with minimum intrusion），英國專業管家公會執行長華森（Robert Watson），就把這句話當作信條。因為管家應該要比顧客先想到他下一步的需求，用最低程度的打擾或發問滿足顧客。

比如要幫客人訂機票，知道時間、目的地、座位靠窗或走道之後，還可以主動為客人設想，他的位子在起飛的時候，會不會被陽光直射？在客人離開前為他打包行李時也要想到，目的地的天氣如何，如果比較冷的話，外套要最後放進行李箱，才方便拿取。

最低程度的打擾，更包括雇主的隱私。所以當服務過已故英國黛安娜王妃（Diana, Princess of Wales）的管家伯勒爾（Paul Burrell），出書爆料時，就受到英國管家同業大力撻伐。因為管家，特別是作風謹慎的英國管家，就該像安東尼·霍普金斯，在《長日將盡》裡被問到關於雇主的問題時，回答「我什麼都沒聽到，傾聽紳士們的談話，會使我工作分心。」

20 世紀，全球富人的崛起，帶動管家從家庭走入飯店的風潮，甚至「管家」開始變成一種行銷名詞，出現在海灘為住客擦抹防曬油的「日光浴管家」、提供各式香水供挑選的「香水管家」、解決各種科技產品和電腦問題的「e 管家」，以及提供各式泡泡浴的「沐浴管家」等，針對特定服務項目，為所有飯店住客服務。

文 / 葉代芝

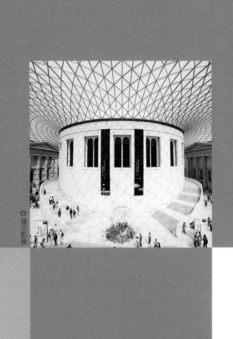

藝術 Art

倫敦這個文化之都，像一部長篇小說，
有前文和後理，要點滴醞釀。

一大藝文特質

倫敦之所以是倫敦，完全是因為倫敦的文化、博物館、圖書館、書店、表演劇場、公園及不同的歷史事件和歷史人物故居。

大英圖書館

80 一座書的首都
小文化場域累積藝文厚度

「倫敦做為一個文化之都，沒有巴黎那種追求偉大的大志，比較像英式長篇小説，有前文和後理，點滴醖釀。」曾在倫敦進修的香港跨媒體文化人胡恩威説，「倫敦可以説是書的首都。」

這一點，從大英博物館（British Museum）聞名全球的環形閱覽室可以看出來，金色穹頂下豐富的館藏令人歎為觀止。大英圖書館（British Library）則是古典和現代的對話，達文西（Leonardo da Vinci）的數位化手稿就藏於其中。

胡恩威説，倫敦是博物館的發源地，在大英帝國全盛時期，對科學與藝術的追求，尤其是工業革命帶來的社會科學、自然科學，成為了社會發展的核心。

劇場林立的西區（West End），以及混合小文化場地的蘇活區（Soho），也都是體驗倫敦藝文特質最好的區塊。比如倫敦的朗尼史葛爵士樂俱樂部（Ronnie Scott's Jazz Club），胡恩威形容那是「世界上最好的『爵士樂會所』（Jazz Club），歷史悠久，那種空間完全是 Jazz 的，暗暗的，樓層不是太高，音樂是即興的。」

「作為文化之都，倫敦是保守的，但倫敦的保守不是中國式的守舊，而是有著一種對質的堅持。」胡恩威説：「倫敦文化的厚度，就是從這些地方累積而來。」

Info.

大英博物館（British Museum）
地址：Great Russell Street, London WC1B 3DG
電話：+44-20-7323-8299

大英圖書館（British Library）
地址：96 Euston Road, London NW1 2DB
電話：+44-330-333-1144

朗尼史葛爵士樂俱樂部（Ronnie Scott's Jazz Club）
地址：47 Frith Street, London W1D 4HT
電話：+44-20-7439-0747

一股音樂潮流

盡情嘶吼，透過樂器、歌詞與人聲說出你對這世界的不滿，就是搖滾樂的精神。

81 英式搖滾
激昂表達最純粹的渴望

如果你覺得搖滾樂只是嘶吼人聲、搭配尖銳刺耳電吉他，及轟隆轟隆鼓聲的一種吵死人的音樂，從現在開始，你可以改觀了。因為，搖滾樂的世界地位代表著人們對美好生活的追求，透過音樂與相對於古典樂更重要的歌詞，來表達對現實世界的不滿，在搖滾樂的世界中，關心的社會議題極廣，從戰爭、政治、弱勢族群、性別平等……，激昂直接的表白，是一種最簡單純粹的渴望，提醒著社會主流：永遠不要忽略弱勢者的聲音。

基本上，搖滾樂的定義並沒有定論，不過可以確定的是，搖滾樂源自 1940 和 1950 年代，身受藍調音樂（Blues）及鄉村音樂（Country Music）的影響。回顧搖滾樂的緣起，據說早在 30 年代初期，美國就有一首名為《搖滾》（Rock & Roll）的歌，不過當時並沒有引起注目，直到 1950 年代，美國 DJ 佛瑞德（Alan Freed）在廣播節目中首先使用「搖滾音樂會」（rock 'n' roll live concerts）名稱，搖滾兩字才正式出現。

後來由比爾‧哈利（Bill Haley）所組成的彗星樂團（Bills Haley & His Comets）以一首《日夜搖滾》（Rock Around The Rock）占據排行榜 8 週之久，rock 便成為當時最夯的字眼，而哈利也因此獲得搖滾之父的美稱，其後，在傑瑞‧李‧劉易斯（Jerry Lee Lewis）及貓王（Elvis Presley）的推波助瀾下，搖滾熱便蔓延了數十年。

搖滾樂在美國起頭，但英國在全球搖滾樂的地位，卻比美國更經典。70 多年前，由「披頭四」帶領的一群英國樂團，打進美國市場，還用搖滾樂風靡全世界，自此奠定了英國在搖滾樂上的地位。

◎ 達志影像

英國搖滾樂團「披頭四」（1960 年成立，1970 年解散），這個全球音樂史上至今無人能敵的超級樂團，全球銷量超過 10 億張。在英國，他們有 15 張冠軍專輯，在美國有 19 張冠軍專輯及冠軍單曲，皆為史上最高。

「披頭四」在 1962 年發行首張單曲〈愛我吧〉（*Love Me Do*），隔年第二首單曲〈請取悦我〉（*Please Please Me*）登上英國排行榜首。接著，在 1964 年披頭四登陸美國，第一次電視表演就吸引約 7 千 4 百萬觀眾收看，這數字已幾近當時美國人口的一半。也因為這樣，披頭四風潮被稱為「英倫入侵」（British Invasion）。

很少人能抵擋這天團的魅力，即便是天王也一樣。美國黑人搖滾巨星麥可・傑克森（Michael Jackson）因為太愛披頭四，後來乾脆買了「披頭四」全球音樂版權。

1962 年在倫敦成軍的「滾石」（Rolling Stone）搖滾樂團，是全球最老牌的搖滾樂團之一；重金屬開朝三大元老：齊柏林飛船（Led Zeppelin）、深紫色（Deep Purple）及黑色安息日（Black Sabbath），也都來自英國。

60 年代晚期，搖滾樂與各種音樂融合之後，撞擊出令人驚豔的火花。例如：與藍調融合成了藍調搖滾，與爵士樂混合的搖滾又有另一種風貌，除此之外，迷幻搖滾（Psychedelic rock）、龐克搖滾及重金屬搖滾（heavy metal）等則深受年輕人喜愛。至 90 年代初期，加入充滿電子音樂的英倫搖滾（Britpop）逐漸站上浪頭，受到新一代搖滾迷的喜愛。

不管在哪一個時代，與哪一種音樂融合，搖滾樂不變的精神就是希望能唱出人們對美好生活的夢想與追求，藉由狂放的音樂與寫實的歌詞，表達出對現實的不滿，從世俗眼光看來或許是一種放浪不羈的態度，實際上卻代表著一股單純堅持的精神，相信可以透過音樂創造出心目中的理想世界。這種有力度的音樂會由英國樂團發光發熱，也正呼應英國那股叛逆的勁兒。

文／羅德禎、孫秀惠

一位文學巨擎

德國大文豪歌德（Johann Wolfgang von Goethe）曾如此讚美莎士比亞，「從第一頁讀到他，我就一生都屬於他。」英國前首相邱吉爾（Sir Winston Leonard Spencer Churchill）更說，「（英國）寧可失去五十個印度，也不能失去一個莎士比亞！」

82 莎士比亞
直達靈魂的魔性劇作

每逢 4 月下旬，莎士比亞生日前後，倫敦泰晤士河南岸的「環球劇場」（Shakespeare's Globe Theatre）總是遊人如織；2012 年倫敦奧運，當地政府更以此為焦點，廣邀各國劇團輪番演出莎翁名劇，包括義大利文的《凱撒大帝》（*The Tragedy of Julius Caesar*）、阿拉伯文的《暴風雨》（*The Tempest*）、白俄語版的《李爾王》（*King Lear*）、中文版的《理查三世》（*Richard III*）等。從這麼多國語言的演出，就可以知道這位獨霸英語文壇 4 百年的劇作家，跨越時代、種族和文化，無可抵擋的藝術影響力。

跨出英國，遠到日本，莎士比亞在東方依舊威力無窮。東京「環球劇院」長年以莎劇為主，還曾請倫敦環球劇院來此常駐演出，這在話劇並不風行的日本被視為奇蹟。

即便大家聽過莎士比亞，許多人對戲劇沒興趣，總覺得莎士比亞與我無關，或以為莎士比亞就是個高高在上，遙遠年代的大文豪。事實上，莎士比亞距離你一點也不遠。如果你會用「冷血」形容某個冷酷、沒有感情的人，那麼，莎士比亞就在你身邊了！

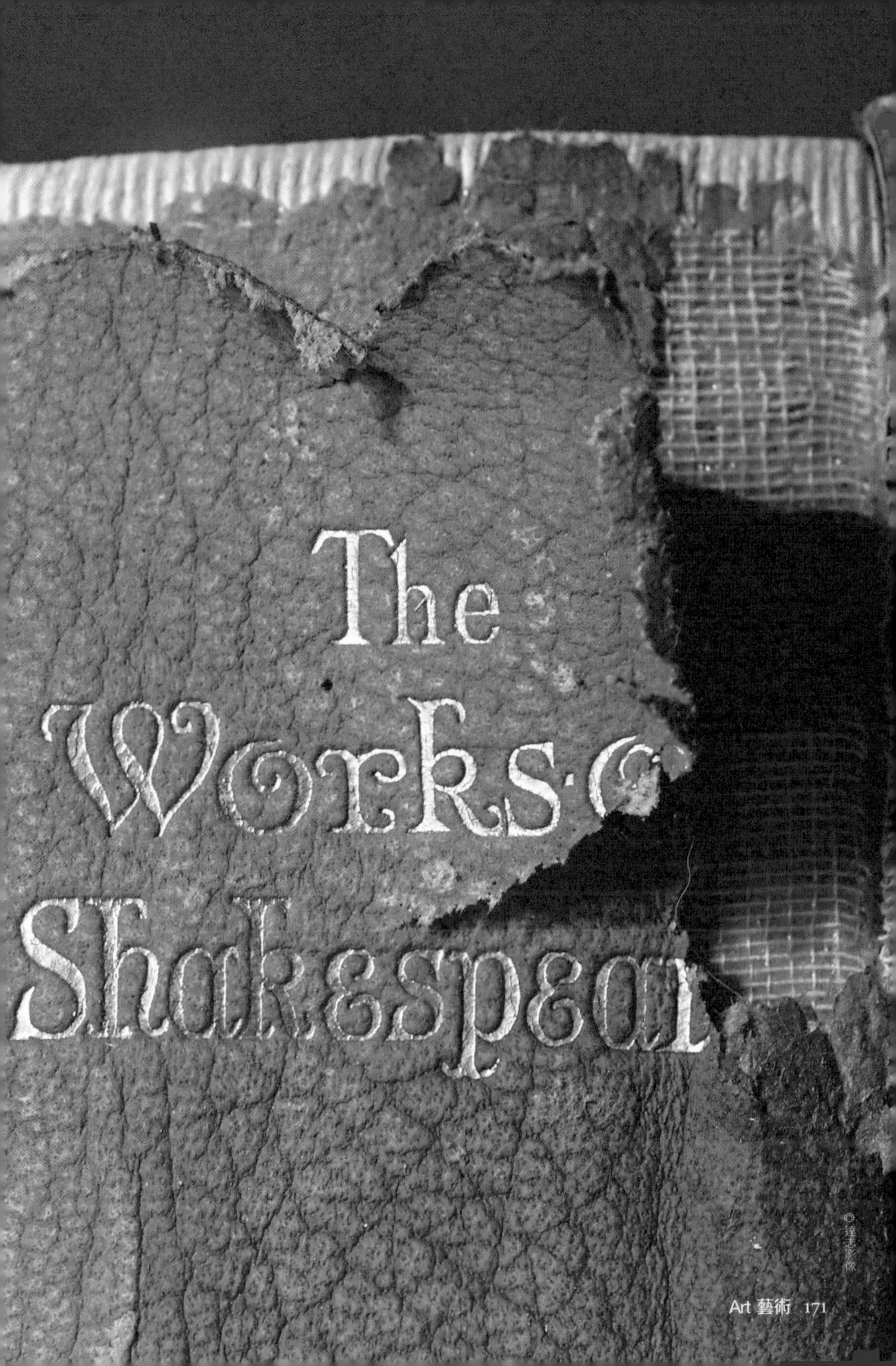
The
Works
Shakespear

莎士比亞
（William Shakespeare，1564 - 1616）

1590 年代中期之前：創作以喜劇為主，其風格受羅馬和義大利影響。

1595 - 1599 年：從《羅密歐與茱麗葉》開始，創作許多著名喜劇和歷
史劇。

1600 - 1608 年：「悲劇時期」，創作以悲劇為主。

1608 - 1613 年：主要創作悲喜劇，被稱為莎翁晚期傳奇劇。

莎翁劇本不完全是原創，但文字魔力卻是前所未有的。學者發現，莎士比亞在作品中總共使用了 2 萬 5 千個字彙，是一般作家 6 千字的 4 倍多，其中約 2 千個自創的新字，如今已融入生活中，包括 cold-blooded（冷血）、fair play（公平競爭），forgive and forget（不念舊惡，不記仇），that's all Greek to me（我對此一竅不通）等等，大大豐富了英語的厚實度，你、我學英語時也都可能學過。甚至某些劇的名稱，如《仲夏夜之夢》（*A Midsummer Night's Dream*），在台灣這樣非英語系的地區，都轉化成相當普遍的形容詞。

有趣的是，一生寫下 38 部長劇、154 首十四行詩、2 首長敘事詩的莎士比亞，除遺囑外，對自己的生平幾乎沒有留下隻字片語。例如，在演員被視為游民的時代，為什麼他會離開大他 8 歲的妻子與 3 名幼子，獨自前往倫敦並投身劇院？身為地方小官兼手套商之子，僅有中學程度的他，如何能將各種異國背景（如威尼斯商人）、各種階級（如皇室貴族）、各種職業（如律師）描繪得絲絲入扣？

然而，有一件事可以確定，就是莎翁不只文采彷彿從天而降，後人從莎翁大量的房產地契或合約中，還發現他不僅是位傑出劇作家，也是劇院的經營者和精明的投資人。出道沒多久，他就在故鄉買了一座擁有 10 個壁爐、取名「新居」（New Place）的豪宅。因為孫輩沒有子嗣，豪宅轉手近百年後，新主人受不了陌生人不斷上門索討莎士比亞的紀念物，索性把整棟房子拆了！

文 / 李光真

三齣經典莎劇

莎士比亞戲劇，按年代可略分為歷史劇、喜劇、悲劇，以及悲喜劇
（又稱傳奇劇）。每齣戲都獨一無二、各擁追隨者。

83 仲夏夜之夢
象徵著愛情的荒謬盲目

《仲夏夜之夢》這齣劇圍繞著一位雅典公爵的婚禮展開，主角則是
三組男女，各自被盲目的愛情捉弄得神魂顛倒。

第一組包括兩對年輕人，一對想私奔，一對想阻止，一前一後進入
森林而迷路。第二組是發生爭執的仙王與仙后，仙王一氣之下，叫
小精靈將魔液點入仙后眼中，讓她愛上醒來後第一眼所看到的人。
第三組則是一群躲在森林中排演鬧劇、希望可以在婚禮上取悅主子
的工人。

一位織工，在小精靈的惡作劇下變成驢頭。不巧仙后醒來第一眼就
看到他，美麗高貴的仙后將粗鄙驢頭摟在胸前癡癡愛戀，象徵著愛
情的荒謬盲目。所幸黎明降臨，魔咒解除，一切復歸正常，不知情
的劇中人還以為自己做了一場春夢呢！

1590 年代，莎士比亞以自己熟悉的鄉野背景寫了這齣瘋狂搞笑大
戲，裡面有各種野獸及花草樹木，充滿了奇幻魔法和天真無邪的趣
味，上演後大轟動，但也招致清教徒的批判。

之後這齣戲又經過各國藝術家以各種形式改編，有歌劇、芭蕾舞
劇，作曲家孟德爾頌（Felix Mendelssohn）的序曲配樂，有電影、
百老匯迪斯可舞劇，還一度以中國花園為布景，簡直是想像力與創
造力的大薈萃。

84 哈姆雷特
悲劇英雄的王子復仇記

《哈姆雷特》（*Hamlet*）是丹麥王子哈姆雷特為父報仇的故事。戲一開始，哈姆雷特就透過父親鬼魂的告白，得知叔父不僅毒殺父親、僭奪王位，還娶了母親。他深感痛苦，既厭惡人性醜惡也憎恨自己的無能，他假意瘋狂，卻在與母親爭執時，誤殺了愛人奧菲麗亞（Ophelia）的父親。奧菲麗亞傷心投水，皇后誤飲毒酒殞命，哈姆雷特則在重傷身亡前，奮力殺了叔叔。

多年來，包括迪士尼動畫《獅子王》（*The Lion King*）和大陸導演馮小剛的《夜宴》（*The Banquet*）在內，各種哈姆雷特式的王子復仇記不斷在全球搬演，然而詮釋各個不同。他是英勇還是怯懦？猶豫不決還是衝動莽撞？真瘋還是假瘋？面對毫無道理可言的命運，每個人心中都有一個哈姆雷特，他最被傳頌的一句話就是：「要活著還是乾脆消失？這是個問題（To be or not to be: that is the question）。」

《哈姆雷特》與《李爾王》、《馬克白》（*Macbeth*）及《奧賽羅》（*Othello: The Moor of Venice*）為莎翁著名的「四大悲劇」，寫透了四種悲劇英雄的性格缺憾，在小人或惡人的挑弄下，最終只有以死終結這可悲的命運。

85 馬克白
野心家弒君篡位大戲

歷史上，馬克白真有其人。這位 11 世紀的蘇格蘭大將弒君篡位後，還在王位上待了 15 年。莎士比亞的《馬克白》則將人性衝突推到極致。因為張力太強，當時劇院視「馬克白」一詞為禁忌，不小心講出這個字的演員會立刻被趕出去，必須原地轉三圈，然後背一句《威尼斯商人》（The Merchant of Venice）中的祈福句後才能再進來。

《馬克白》故事內容是：在凱旋歸來的路上，馬克白和友人遇見三個女巫，她們預言馬克白將成為蘇格蘭國王。預言勾起了馬克白的野心，加上妻子的唆使攛掇，他終於狠下心將睡夢中的國王殺害，如願當上國王，但為了掩飾罪行，不得不殺更多人。最後難逃群臣的攻伐而被斬首，妻子也飽受染血幻覺折磨而死。

和性格複雜、陰晴不定的哈姆雷特一樣，馬克白是所有演員的大挑戰。英國偉大演員勞倫斯‧奧利佛（Laurence Olivier），日本大導演黑澤明《蜘蛛巢城》（The Throne of Blood）中的三船敏郎都曾演出，令人印象深刻。在台灣，當代傳奇劇場《慾望城國》中的吳興國和魏海敏，則為這對野心家留下了舞台典範。

其中一幕，馬克白說出一段極其蒼涼、悔之已晚的獨白，成為非常經典的莎翁名句：

> 「Out, out, brief candle!
> 熄吧，熄吧，短促之燭！
> Life's but a walking shadow…
> 人生不過是走動的幻影，……
> It is a tale, told by an idiot,
> 它是愚人所講的故事，
> Full of sound and fury,
> 充滿喧嘩憤怒，
> Signifying nothing.
> 卻空無意義。」

文 / 李光真

一座現代藝術中心

每一個在文化上影響全球的世界之都，除了百年藝術重鎮，一定會有最前衛，領導世界觀念之先的現代藝術中心。在倫敦，那個地方就是泰特現代美術館。

Info.

泰特現代美術館（Tate Modern）
地址：Bankside, London SE1 9TG
電話：+44-20-7887-8888

86 泰特現代美術館
資本主義與工業革命象徵

泰特在倫敦有兩座美術館,位於千禧橋前的現代美術館是在 2000 年落成。過去 5 年,每年湧入參觀人數超過 2 千萬人次,是 21 世紀全球成長最快的美術館。

整個建築由一個巨大的火力發電廠所構成,泰特現代美術館是倫敦值得一看的藝術寶地。若論當代藝術品的蒐藏,泰特絕對比不上紐約現代藝術美術館(MoMA)。這裡雖然也有安迪・沃荷(Andy Worhol)、 傑夫・昆斯(Jeff Koons)等重量級現代藝術家的展品,但你若想看最經典的,不在這裡。

那麼,泰特現代美術館有何可看?用一句話來說,這裡特殊的空間與沒有侷限的展示氛圍,本身就是無與倫比的藝術品。從外表看,這座工廠的外觀,包括那根 20 世紀工廠風格約 90 公尺高的大煙囪,依然一無改變地聳立在泰晤士河畔。裡面,厚重而四四方方的磚牆,大又空曠的空間,硬質鋼架,只有一點點室外陽光進入,泰特現代美術館直接用空間提醒你,現代藝術產生的背景──不講究情感,強調大與量的工業革命!而工業革命的起源,就在英國。

巨大,也是泰特藝術展出的重點。它的大廳(或稱渦輪廳,turbine hall)長約 150 公尺,寬 23 公尺,高 35 公尺,前身是放置渦輪引擎的空間,每年都會邀請藝術家在此進行藝術展。因為巨大,對藝術家是非常大的挑戰。例如 2010 年中國異議人士艾未未就在這裡,以 10 億片陶瓷向日葵種籽,貼滿整個大廳牆面。再前一年,則是布儒瓦(Louise Bourgeois)的巨型蜘蛛。在此之前,還有荷拉(Carsten Höller)打造 4 個巨型滑水道,讓參觀美術館的人們可以從不同樓層滑行到地面,創造好像遊樂園般的驚險刺激感。這些都是目前世界其他藝術展覽中心所沒有的。

由於展品巨大,藝術家也借重工業生產的製品、新材質與工法,打造大尺寸的展示。也因此,泰特也成功呼應了展覽館本身的資本主義與工業革命象徵。

文 / 孫秀惠

大英博物館聞名全球的閱覽室

一座文明聖殿

如果巴黎羅浮宮（Musée du Louvre），是了解西方藝術的聖殿，
那倫敦大英博物館，則是讓你綜覽全人類歷史的最佳殿堂。

87 大英博物館
培育無數文豪與思想家

與巴黎羅浮宮、紐約大都會藝術博物館（Metropolitan Museum of
Art）與聖彼得堡冬宮博物館（Госуда́рственный Эрмита́ж），齊
名「世界四大博物館」的大英博物館，擁有超過 8 百萬件館藏，
位居四大博物館之冠；同時，也是世界上最早對公共開放的博物
館，並自 1759 年開放以來，便堅持免費參觀的政策，即使一度遭
遇財務困難，也不動搖對公眾分享人類遺產的理念。

大英博物館內有 10 個不同主題的分館,跟一個聞名全球的閱覽室。除了以閱覽室為中心,延伸出去的玻璃天花板相當具特色,這裡,更培育出無數的文豪與思想家,如著名的社會學者馬克思(Karl Marx)、詩人葉慈(William Butler Yeats)與小說家狄更斯(Charles John Huffam Dickens),都是大英博物館閱覽室的常客。得過諾貝爾文學獎的作家蕭伯納(George Bernard Shaw),甚至在遺囑中註明將三分之一的遺產捐贈給大英博物館,感謝閱覽室滋養他的學識。

共有 94 間展覽室的大英博物館,完整逛完至少需要一整天以上的時間,博物館網站上,貼心列出 1 小時與 3 小時的建議參觀展品和路線圖,讓第一次進到大英博物館朝聖的旅客,不會在歷史的長河中迷失自己。

文 / 吳中傑

Info.
大英博物館(British Museum)
地址:Great Russell Street, London WC1B 3DG
電話:+44-20-7323-8299

四大博物館

沒有一份文獻或條文，明確指稱哪些博物館是世界之最，但通常以館藏數量、參觀人數、藏品地位和博物館本身的歷史意涵等面向，綜合考量。人們通常對法國巴黎羅浮宮、英國倫敦大英博物館、美國紐約大都會藝術博物館，以及俄羅斯聖彼得堡冬宮博物館，冠以「四大博物館」之美稱。

巴黎羅浮宮，有世界最多的皇家藏品，以及排名世界第一的參訪人數；倫敦大英博物館，則是最早對公共開放的博物館，館藏總數也居四大博物館之冠；聖彼得堡冬宮博物館，是俄羅斯最大的博物館，有3百多萬件館藏，和紐約大都會藝術博物館不相上下。

有時也會在一些書籍資料上，看到「五大博物館」的稱謂，通常論及五大博物館時，則是加上了台灣的台北國立故宮博物院，雖然故宮 60多萬件館藏的數量，遠遠不及其他四大博物館，卻是世界上少數完整蒐藏中華文化的博物館，擁有許多在中國也看不到的稀世珍品，使故宮享譽國際。

大英博物館必賞九寶

在大英博物館 8 百多萬件的藏品中，我們選出 9 件，由大英博物館館長親自推薦參觀的館藏，帶大家一窺大英博物館之精華。

88 歐都外石頭砍砸器
人類起源的證明

一塊外型不起眼的石頭，卻是人類起源的證明。這件於 20 世紀初期出土，於非洲坦尚尼亞發現的《歐都外石頭砍砸器》（*Olduvai stone chopping tool*），具有 180 萬到 200 萬年歷史，可以切割生肉與植物，是人類最早發明的「廚具」，也是當時已知，人類最早製造的手工具之一。1931 年，大英博物館贊助的考古學家，發現了這批最古老的人造事物，證明人類不是從西元前 4004 年的伊甸園才開始出現，更考證出人類起源於非洲。這塊石頭，也可以說是大英博物館所有館藏文物的起源。

© BabelStone / Wikimedia Commons

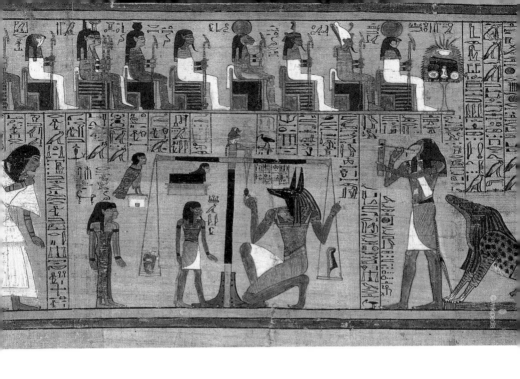

89 亞尼的死者之書
古埃及陰間指南

《亞尼的死者之書》（*Book of the Dead of Ani*）這捲長 24 公尺的
手繪草紙捲，是大英博物館的鎮館之寶之一，也是一捲教導死者如
何面對來世、獲得永生的「陰間指南」，電影《神鬼傳奇》（*The
Mummy*）中，邪惡的大祭司便是靠著死者之書而復活。古埃及人
相信，人們死後，會面對冥神的審判，決定死者是否能復活、甚至
獲得永生，因此會在棺木中，放入以草紙繪製的死者之書，詳記死
亡後的審判過程，和如何應對審判，指引死者復生。由於草紙保存
不易，光是被陽光照射就容易毀損，所以大英博物館這捲世上少數
保存良好、完整的死者之書，顯得更彌足珍貴。

© wikipedia

90 不幸的木乃伊蓋板
保存完好極具藝術價值

在大英博物館，你可以看到保存得比埃及更完整的木乃伊相關文物。其中，這個木乃伊蓋板，因謠傳曾於 1912 年登上鐵達尼號（Titanic），運往美國，造成千人船難，並且所有接觸過這塊蓋板的人，都離奇暴斃或死亡，因而有《不幸的木乃伊》（*The Unlucky Mummy*）之稱號，可怕的詛咒傳說，讓它成為大英博物館最著名的館藏之一。雖然目前已證實，這塊木乃伊蓋板登上鐵達尼號，只是穿鑿附會的謠言，但棺蓋上精美、繁複的埃及神明繪圖，以及完整的保存性，使它在卸除傳說後，依舊時常被借往海外展出，是一具值得好好端倪，具藝術與歷史價值的藏品。

©Alberts (Hecha por mi mismo) / Wikimedia Commons

91 羅塞塔石碑
解讀古埃及文物的鑰匙

這塊有兩千多年歷史的《羅塞塔石碑》（*Rosetta Stone*），外表並
不起眼，甚至稍有破損，卻和木乃伊一樣，是官方認定最受歡迎
的館藏之一，為什麼？原來，這塊於 18 世紀末，在埃及出土的石
碑，上頭刻有古希臘文、象形文字和古埃及祭司使用的聖書體象形
文字，這三種不同文化的文字，一經對照，成為後世解讀所有古埃
及文物的鑰匙。由於聖書體象形文字很早便已不通行，所以後世的
學者，幾乎沒有人能解讀古埃及文物上所刻的銘文，直到這塊石碑
出土，上頭因為有學者幾乎都懂的古希臘文做對照，因此可以譯出
古埃及文字，讓世人從此能理解木乃伊、草書與雕像等埃及重要文
化遺產上的文字意涵。

92 人頭馬與拉畢斯人
古希臘人對生命的體認

大英博物館內，有上百件希臘帕德嫩神廟（Parthenon）的雕刻品，是在雅典也看不到的珍貴文物，雖然保存得比希臘完整，卻也讓希臘人痛心，在近年屢屢要求歸還。這些帕德嫩神廟的大理石雕刻遺骸，是 19 世紀前後，一位駐土耳其的鄂圖曼帝國的英國大使，從土耳其官方得到，運回英國保存。其中《帕德嫩神廟雕刻：人頭馬與拉畢斯人》（Parthenon sculpture: Centaur and Lapith），則深刻呈現出希臘人的價值觀。在古希臘文化中，慣於把敵人「異化」成非人且不理性的生物，以增加征戰的正當性與號召力。這幅雕刻中，象徵理性的「人」，被象徵野蠻的牛頭人踩在腳底下，正是希臘人認為為了保衛理性規範的城邦，短時間內，理性未必得勝，可能必須犧牲部分人民性命，由此雕刻傳達出對理想的堅持，與對生命的體認。

93 擲鐵餅者，沉穩的古典主義名模

這尊《擲鐵餅者》（*Discus-thrower*）雕塑，可說是全世界最有名的模特兒之一，曾是 1948 年倫敦奧運的官方海報主角，成為奧運的象徵。擲鐵餅者雕像，是西元前 5 世紀希臘雕刻家米隆（Myron）的作品，可惜原作已經佚失。今日我們所看到的擲鐵餅者，是西元 2 世紀時，羅馬皇帝命工匠仿製的仿品，但仍保有原神韻，充分表現出擲鐵餅過程，肢體上瞬間的爆發力與生命力，而臉上平穩的表情，則是體現出古典主義風格沉穩的特色。這尊擲鐵餅者也曾於 2010 年來台展出，當時光是保險金額便高達新台幣 5 億元，可見其不凡的地位與身價。

94 波特蘭花瓶，完美修復的工藝

大英博物館中蒐藏了許多木乃伊，沒人能知道那些木乃伊究竟是否復活過，但有近 2 千年歷史，於羅馬帝國時期製作的《波特蘭花瓶》（*Portland Vase*），卻是在大英博物館記載中，曾經「復活」過的藏品。這只花瓶從 1810 年開始，蒐藏於大英博物館，卻在1845 年，被一名喝醉的訪客砸破，碎成 2 百多塊碎片，修復工程相當艱困而漫長，歷經 1 百多年，終於在 1989 年完成最後一次修復。因此在這只花瓶上，除了可以看到羅馬帝國時期精緻的寶石玻璃工藝，也更體現出現代藝品修復技術的鬼斧神工。

並致盈必損理脩固然美者自美翻以取尤冶容求好君子所仇結恩而絕寔此之由

95 女史箴圖
工筆巧妙典雅麗致

在大英博物館，也能看見我們最熟悉的中華文化。這幅教導古代婦女婦功、婦德的經典畫軸，是因為一位中國歷史上，毀譽參半的名女人慈禧太后，而流落英國。這捲相傳由中國東晉時代名畫家顧愷之所繪製、後人於唐朝描摹的《女史箴圖》（Admonitions Scroll），原本是清朝宮廷藏畫，在八國聯軍火燒圓明圍時，流入民間，被一位英國士兵買回英國，後由大英博物館蒐藏。這幅畫軸因其工筆巧妙，色彩典雅麗致，而受人稱譽。目前還有另一捲傳聞由宋徽宗御筆的臨摹本，蒐藏於北京故宮。

96 神奈川沖浪裏
受歐洲繪畫影響的浮世繪

歐洲印象派畫家受日本浮世繪影響，啟發了他們繪畫上用色的表現。其實日本最著名的浮世繪畫家葛飾北齋，他的畫作中，也有歐洲繪畫的影子。這幅可說是葛飾北齋代表作的《神奈川沖浪裏》（*Great Wave off Kanagawa*），是他一系列描繪富士山的浮世繪「富嶽三十六景」之一。畫中表現出浪濤生命力的藍，經考證，很可能是歐洲傳入的合成染料。畫中將富士山擺到遠方的構圖方式，也是向歐洲繪畫慣用的透視法借鏡。這幅名作在 19 世紀初當年，便可能刊印有 8 千份之多，可見其受歡迎的程度與影響力。

文 / 吳中傑

逛遊 Travel

美麗的地標，古典氣派與時髦前衛並存
著，是來到倫敦不容錯過的風景。

叛逆倫敦

四大必遊景點

古典與前衛並存在這城市，交疊出矛盾與衝突的美感，走入不列顛的地標，品味英倫景致。

97 倫敦眼
時髦璀璨的觀景摩天輪

倫敦若是少了倫敦眼（The London Eye），就少了一分叛逆味。在舉目滿是古典氣派的街景中，這座高 135 公尺的摩天輪，特別讓人感覺時髦新穎。

越近看越壯觀的倫敦眼，與河水對岸的大笨鐘（Big Ben）相望，是歐洲最大的觀景摩天輪，可盡覽整座倫敦，遊客總是絡繹不絕，想搭摩天輪絕對得排上一陣子隊伍。倫敦眼因於千禧年正式開放，又名千禧之輪（Millennium Wheel），位處倫敦市中心泰晤士河南畔。一旁的朱比力花園（Jubilee Gardens）在夏天總是躺滿享受日光浴的人，河畔專業的街頭藝人表演輪番上陣，跨年時璀璨的煙火與倫敦眼相映成趣，平時到了夜晚會閃爍光芒。

倫敦眼中心由鋼索組成，像是巨型自行車車輪，共有 32 個座艙，一個座艙可容納 25 名乘客，迴轉速度十分緩慢，坐上去後可享受半個小時的窗外景色。原本倫敦眼只是臨時性建築，但因太受世界矚目及歡迎，已成為永久性景點，一年約有 350 萬人次造訪，每兩年會換一輪贊助單位，2015 年才與可口可樂公司合作，也因此紅色將成為這兩年倫敦眼的主色。

文／李思嫻

> Info.
>
> **倫敦眼（The London Eye）**
> 位址：London SE1 7PB
> 電話：+44-871-781-3000
>
> **朱比力花園（Jubilee Gardens）**
> 地址：Belvedere Road, London SE1 8RT
> 電話：+44-20-7202-6900

陳炳勳攝

98 大笨鐘
屹立不搖百餘年

大笨鐘、紅色雙層巴士和黑色計程車，曾被遊客選出是最具英國意象的三大標的物。俗稱大笨鐘的伊莉莎白塔（Elizabeth Tower），是英國國會西敏寺（Palace of Westminster）北端的鐘樓，自 1858 年起至今已有 157 年的歷史，每 15 分鐘就會敲鐘一次。

2012 年時為了慶祝伊莉莎白二世女王登基 60 週年，英國政府宣布大笨鐘正名為伊莉莎白塔，儘管如此，大笨鐘的叫法仍深植人心。從西敏寺橋（Westminster Bridge）朝泰晤士河西岸走去，波光粼粼的水面上倒映著大笨鐘哥德式建築的美麗線條，幾乎等於嚮往英國生活者的精神指標，讓人一步一步走近仿如朝聖之旅，只為了近距離欣賞這座世界第三高的鐘樓。

確切來說，大笨鐘指的是塔中最大那座鐘，也被稱為大鐘（Great Bell）。鐘樓上時間的刻度迎向東南西北四面，光分針就有 4.27 公尺長，屹立不搖了百餘年，每天都有專人確保大笨鐘時間的準確度。新年到來時，英國各地民眾會於現場、透過電視聆聽大笨鐘的鐘聲，而這規律的鐘聲被稱為「威斯敏斯特旋律」，台灣學校下課時的鐘聲也源自於此。

文／李思嫻

Info.
大笨鐘（Big Ben）
地址：Westminster, London SW1A 0AA
電話：+44-20-7219-4272

99 倫敦塔橋
精雕細琢的新哥德式建築

倫敦塔橋（Tower Bridge）橫跨泰晤士河，1894 年開始通車，至今人們能步行橫跨大橋，並且在中央的博物館遊覽歷史圖片，是倫敦最有名的大橋。

倫敦塔橋的身影在無數電影裡出現，是倫敦的經典象徵。如電影《福爾摩斯》（Sherlock Holmes）片尾打鬥的場景就在倫敦塔橋，而背景是古老的倫敦塔（Tower of London）。

倫敦塔橋歷時 8 年才建造完工，主要結構為鋼鐵，並且在外鋪蓋上花崗岩及波特蘭石（Portland stone），而後加上維多利亞及新哥德式（Neo-Gothic）的設計，顯得倫敦塔橋特別精雕細琢。最特殊的景色是當有遊艇準備穿越塔橋，橋下方的通行道會向上開啟，一開一合，讓車輛及船隻都能各自暢通，過去使用蒸汽機運作，如今改良成電動機，道路可向上展開到86 度。

從西側的北塔進入，步行其間可以各種角度欣賞倫敦市景，包括有一段 42 公尺高的玻璃橋讓人可以站在透明的橋上往下望，倫敦塔橋的車潮就在腳下川流不息，幸運的話也許能見到車道在眼前打開，捕捉別人不一定看得到的奇觀。

文／李思嫻

Info.
倫敦塔橋（Tower Bridge）
地址：Tower Bridge Road, London SE1 2UP
電話：+44-020-74033761

倫敦塔（Tower of London）
地址：London EC3N 4AB
電話：+44-844-482-7777

100 劍橋大學
諾貝爾得主的搖籃

「輕輕的我走了,正如我輕輕的來……我揮一揮衣袖,不帶走一片雲彩。」曾就讀劍橋大學(University of Cambridge)的詩人徐志摩,揮別此地時寫下美麗且哀愁的《再別康橋》詩篇。

劍橋早期被翻譯為康橋,劍橋大學城是英語系國家中最古老的大學之一,人們可以自由地在此遊覽古典建築,在康河(River Cam)上悠悠地划船,感受宜人輕鬆的步調。這裡的一景一物都是徐志摩創作的靈感來源,他在〈吸菸與文化〉文中提到:「我的眼是康橋教我睜的,我的求知欲是康橋給我撥動的,我的自我的意識是康橋給我胚胎的。」

歷史悠久的劍橋大學於 1290 年創立,學術上保有崇高地位,至少有 90 位諾貝爾得獎者來自劍橋大學,居世界之冠。劍橋大學三一學院(Trinity College, Cambridge)名氣最響亮,其學生之一是物理學家牛頓(Sir Isaac Newton),學院正門小花園裡的一顆蘋果樹,被稱為牛頓的蘋果樹(Newton's apple tree),還有一條相傳為牛頓造出被後代學生拆解卻重組不回的數學橋(Mathematical Bridge)。

花上一天也遊覽不完劍橋大學,其中以哥德式風格建構的英皇書院(King's College),花了 1 百年才完工,不說很容易讓人誤會為莊嚴的教堂。英皇書院的禮拜堂、克萊爾書院(Clare College)的橋上大石,都是亮點。

遊客到了劍橋可以騎單車暢遊各個校區、博物館,包括費茲威廉博物館(Fitzwilliam Museum)、考古與人類博物館(Museum of Archaeology and Anthropology)及動物學博物館(Museum of Zoology)等。

文 / 李思嫻

Info.
劍橋大學(University of Cambridge)
位址:Cambridge, England, United Kingdom

劍橋大學內有紀念碑,刻上詩句紀念徐志摩

Info.
倫敦 London 🇬🇧

倫敦是大不列顛及北愛爾蘭聯合王國和英格蘭的首都，在維多利亞及愛德華時期被譽為「大英帝國第一城」。1801 年到 20 世紀初，因其政治、經濟、人文、科技發明等領域上的卓越成就，而成為全世界最大的都市。

倫敦與紐約、東京並列世界三大金融中心，並在債券、保險交易等方面超過紐約位居世界最大金融中心。倫敦市區空氣潮濕，長期的燃煤史導致空氣多塵而凝結成霧，別稱「霧都」。

位置：倫敦位處英國東南部平原，跨泰晤士河。

人口：約 840 萬。

面積：約 1,572 平方公里。

氣溫：溫帶海洋性氣候。全年均溫 7～15℃，夏至高溫可達 38℃，低溫可低於 -10℃。

時差：較台灣快 8 小時（3 月底至 10 月底日光節約時間較台灣快 7 小時）。

小費：餐廳帳單內已含小費或服務費，則不必另外支付小費，否則以帳單總額 10%（中餐）至 15%（晚餐）為宜。

交通：倫敦地鐵，是世界上最古老的地下鐵系統，公車及電車也很發達。

撥號：英國打到台灣：00+886-x（區域號碼去掉 0）-xxxx-xxxx；台灣打到英國：002+44-xx（區域號碼去掉 0）-xxxx-xxxx。

地圖來源：達志影像

英國地圖

倫敦 ●

倫敦地圖

倫敦瑞士再保大樓

陳炳勳攝

叛逆倫敦 **100** 個你一定要知道的
關鍵品味

叛逆倫敦 100個你一定要知道的關鍵品味

作者	盧怡安等
商周集團榮譽發行人	金惟純
商周集團執行長	王文靜
視覺顧問	陳栩椿
商業周刊出版部	
總編輯	余幸娟
責任編輯	林美齡
封面設計	張福海
內頁設計完稿	巫麗雪
出版發行	城邦文化事業股份有限公司-商業周刊
地址	104 台北市中山區民生東路二段 141 號 4 樓
傳真服務	（02）2503-6989
劃撥帳號	50003033
戶名	英屬蓋曼群島商家庭傳媒股份有限公司城邦分公司
網站	www.businessweekly.com.tw
製版印刷	中原造像股份有限公司
總經銷	高見文化行銷股份有限公司 電話：0800-055365
初版1刷	2015 年（民 104 年）6 月
定價	340 元
ISBN	978-986-6032-96-7（平裝）

國家圖書館出版品預行編目 (CIP) 資料

叛逆倫敦：100個你一定要知道的關鍵品味 / 盧怡安等作. --
初版. -- 臺北市：城邦商業周刊, 民 104.06
　面；　公分
ISBN 978-986-6032-96-7（平裝）

1. 遊記　2. 英國倫敦

741.719　　　　　　　　　104007018